# Se libérer enfin du regard de l'autre

Éditions Eyrolles
61, bd Saint-Germain
75240 Paris Cedex 05

info@eyrolles.com
www.editions-eyrolles.com

© Éditions Eyrolles, 2019
ISBN : 978-2-212-56915-5

Muriel Mazet

# Se libérer enfin du regard de l'autre

Guérir de ses blessures et s'aimer soi-même

Éditions
**EYROLLES**

# Du même auteur

Mazet Muriel, *La Force des fragiles. S'appuyer sur ses failles pour vivre heureux*, Eyrolles, 2016.

Mazet Muriel, *Dépasser le mal en soi*, autoédition, 2012.

Mazet Muriel, *L'Enfant qui a mal*, Desclée de Brouwer 2003. Repris en 2011 chez Payot sous le titre *Aider son enfant à grandir*.

Mazet Muriel, *La Femme et ses métamorphoses*, Desclée de Brouwer, 2008.

Mazet Muriel, *Des mots pour vivre*, Desclée de Brouwer, 2000.

# Sommaire


Introduction ................................................................ 9

### PARTIE I
### Un regard aux multiples facettes

**Chapitre 1 – Du regard bienveillant qui nous constitue........** 15
    Confiance et sécurité .................................................. 16
    Limites et liberté ....................................................... 18
    Donner et recevoir, aimer et être aimé............................ 19

**Chapitre 2 – ...au regard qui nous abîme** ........................ 21
    Le regard qui profite de nous...................................... 22
    Le regard qui juge.................................................... 24
    Le regard qui détruit................................................. 27
    Sous l'emprise d'un regard.......................................... 28

**Chapitre 3 – Le regard de la société** ............................. 33
    Un système d'évaluation perpétuelle :
    les injonctions de notre société.................................... 35
    Le devoir d'être vu .................................................... 38
    ...plutôt que d'être .................................................... 42

## Partie II
## Les pièges de la comparaison


**Chapitre 4 – S'identifier au plus faible :
la dépendance à l'autre** ..................................... 47

Le poison du doute ........................................ 48

Ne pas savoir dire non ...................................... 54

La relation de couple, véritable symbole de la relation à l'autre ..... 59

Se verrouiller, se renfermer : quand la peur de l'autre nous habite .. 63

Quand l'échec à répétition nous anime, ou la position de victime .. 67

**Chapitre 5 – S'identifier au plus fort : le mépris de l'autre** ..... 73

Le goût du pouvoir et la rage de vaincre ..................... 74

Quand le regard brise l'intimité : exhibitionnisme et voyeurisme ..... 79

Comme un jeu de miroirs :
quel regard portons-nous sur les autres ? ..................... 82


## Partie III
## Pourquoi le regard de l'autre pèse-t-il
## si lourd sur nos épaules ?


**Chapitre 6 – Nous sommes des êtres de besoins** ................. 89

Besoin d'amour ........................................... 90

Voir dans le regard de l'autre que l'on existe .................. 99

**Chapitre 7 – Autant de regards posés sur nous,
autant de chemins de vie** ............................... 107

Frappés du sceau du regard de l'enfance ..................... 108

Quand nous endossons un costume imposé .................... 110

Sommaire

## Partie IV
## Pour retrouver un regard de bienveillance envers soi et envers les autres


**Chapitre 8 – Les voies qui s'offrent à nous** .......................... 125

Savoir doser naïveté et méfiance .......................... 126

Ressentir, s'émouvoir, éprouver .......................... 131

S'accepter, consentir à nos fissures .......................... 136

Se donner le droit à l'erreur .......................... 145

Tendre l'oreille vers soi .......................... 148

**Chapitre 9 – Revenir à l'essentiel** .......................... 153

Quitter nos interprétations .......................... 155

Respecter notre rythme .......................... 157

Se nourrir de la solitude .......................... 158

Savoir être accueilli de manière inconditionnelle .......................... 160

De la transmission .......................... 163

Conclusion .......................... 167

Bibliographie .......................... 171

# Introduction



Ce matin un instant de pur bonheur m'a été offert. En feuilletant des albums photo, une image m'a saisie : un tout-petit, fragile et désarmé – quelques mois à peine –, plonge son regard au plus profond de celui de son père ; plus loin, c'est dans celui de sa mère. L'image d'un instant bref, fugitif et porteur de magie que seule une photo peut nous rendre immortel ; de ces instants où le temps semble comme suspendu. Sous mes yeux deux êtres sont en train de communiquer ; bien au-delà des mots.

En m'immergeant davantage dans ce retour au passé, j'ai retrouvé le même genre de scènes, immortalisées elles aussi dans les photos souvenirs des générations plus lointaines. Car l'intensité de deux êtres communiquant par le regard est telle que l'on a toujours cherché et que l'on cherchera toujours à la fixer sur ces images rendues éternelles. J'en suis convaincue. Et dans ces moments de communication presque sacrée, c'est bien l'amour que l'on voit passer de l'un à l'autre. Cette « présence pure[1] » sans doute, comme

---

1. Christian Bobin, *La Présence pure*, Gallimard, 2008.

aime à la nommer le poète Christian Bobin. Beauté pure aussi… Ce même regard de proximité que partagent les amoureux et les amants du monde entier ; ce même regard que possèdent les personnes âgées dont le sourire et les yeux irradient une lumière telle que ceux qui la reçoivent ne peuvent qu'en être éblouis.

Mais il existe cet autre regard. Celui qui abîme, qui peut même tout détruire autour de lui. Le regard posé par ceux qui sont amputés de toute capacité d'empathie pour leurs semblables, voire sont habités par la haine, la rancœur, bien loin de l'amour des autres. Alors, oui, cet outil d'échange et de reconnaissance qu'est le regard peut alors se transformer en une arme néfaste.

Enfin, le regard est parfois tout simplement absent. Et quand nous expérimentons ce vide, ce manque de lien parfois incommensurable à l'autre, il nous arrive de plonger dans un abîme de solitude quelquefois insoutenable. Rien n'existe en face. Le fil est rompu… ou n'a jamais existé… Nos besoins constitutifs de l'être humain se trouvent balayés et notre sentiment d'identité bafoué. Alors comment, une fois devenus adultes, pouvons-nous regarder les autres, construire ce lien indéfectible qui nous est indispensable ? Si nous devenons parents, comment faire quand nous n'avons pas reçu les outils, les indices suffisants d'un modèle ou d'un système de référence dans le regard d'une mère ou d'un père ? À quels repères se raccrocher quand on a perdu de bonne heure un parent et qu'il ne s'est trouvé sur notre route aucun modèle substitutif – oncle, tante, etc. –, pour nous indiquer la marche à suivre auprès de nos propres enfants ?

Stéphane est un jeune instituteur muté il y a quelques mois dans une région bien éloignée de ses racines. Il sent qu'il perd pied : « Je me sens si seul. J'ai quitté ma famille, mes amis, et depuis que j'ai été obligé de changer de travail et de région, je n'ai plus de contact. J'ai l'impression de n'exister pour personne, sauf peut-être pour mes collègues. Mais les vrais regards de tendresse, les vrais liens, ils ne sont plus là. Les soirées d'échange où l'on riait, on évoquait aussi des sujets profonds en soutenant nos idées, font bel et bien partie du passé. Et je n'ai en ce moment rien qui les remplace. Quel vide ressenti... Je rentre chez moi le soir et il n'y a personne... »

Il en est ainsi dans certaines situations où le désespoir peut apparaître comme pour Sonia, à qui il a fallu le temps nécessaire pour remonter une pente et ce à quoi elle ne croyait plus.

Sonia a longtemps vécu dans la rue bien avant de retrouver, comme elle le dit, sa « dignité » en retrouvant du travail : « J'ai touché mes ténèbres. Pas parce que j'avais souvent faim, mais parce que j'avais l'impression d'être un fantôme. Rien. Personne. Je n'existais pas. Les gens passaient devant moi mais j'étais comme invisible à leurs yeux, alors que dès que l'on me faisait un sourire, même sans rien me donner, j'avais comme une petite flamme, une toute petite lumière qui se rallumait en moi. Je crois que c'est ça qui a été le pire : ne pas être vue. Ne rien représenter pour les autres, qui vivaient leur vie, allaient et venaient devant moi, comme si je ne faisais pas partie de la vie... »

Que l'on ait 15, 30 ou 60 ans, ce regard mutuel qui constitue la relation humaine nous est ainsi aussi indispensable que l'air que nous respirons. C'est grâce à lui que le fil de notre vie se déroule, de rencontre en rencontre ; à travers des sourires, de la tendresse ; de l'hostilité et des mauvais jugements aussi. Positif ou négatif, le regard de l'autre est cet outil d'échange, cette voie de rencontre, qui cimente la communication avec nos semblables. C'est à travers lui, et parfois au-delà des paroles, que nous cherchons une approbation ou que nous appréhendons une rebuffade. C'est de lui dont dépend l'estime que nous nous portons ou la négation de nous-même. À travers lui que nous exprimons le désir de relation ou au contraire le refus. Avec confiance ou crainte et méfiance.

Nous sommes tous des êtres sociaux, nous avons tous besoin de nos semblables. Sans l'autre nous ne sommes rien. Cela nous est vital. L'amour, la tendresse, la reconnaissance nous font vivre et exister, tout comme l'eau et l'air nous sont essentiels. Notre semblable et sa présence font partie intégrante de notre survie en tant qu'êtres humains. Pourtant, si ce regard nous est indispensable, sa qualité vitale peut aussi se révéler ne pas être au rendez-vous et prendre des aspects désagréables voire destructeurs et parfois à l'extrême des limites du supportable. Il devient alors celui qui humilie, qui met à nu, condamne et fait baisser les yeux. Alors quand il agit à notre détriment et n'est là que pour nous porter ombrage, comment apprendre à nous en dégager et à nous en libérer ? Comment dépasser le risque de nier notre propre être et de nous noyer dans l'autre ?

# Un regard
# aux multiples facettes

# Du regard bienveillant qui nous constitue...

Dès notre naissance, c'est bien le lien avec notre entourage qui se situe au cœur de notre construction intime. C'est lui, et aussi puissamment que le lien corporel, qui dans la première rencontre avec notre mère ou avec ceux que la vie nous a offerts pour la représenter, bâtit nos fondations. C'est par lui que nous sommes autorisés à être ce que nous sommes, confirmés dans notre humanité. Car le regard n'est en fait qu'un jeu de miroirs entre ces deux compagnons du début de l'existence que sont la mère et l'enfant. La mère regarde le bébé dans ses bras, et le bébé regarde le visage de sa mère et s'y retrouve lui-même. Car « La mère regarde le bébé et ce que son visage exprime est en relation directe avec ce qu'elle voit », nous dit Winnicott.

## Notre mère, notre miroir

Pédopsychiatre et psychanalyste britannique, Donald Winnicott (1896-1971) n'a cessé de se pencher sur l'importance des premières relations que le bébé vivait avec sa mère dans sa construction et son épanouissement. C'est au cours du troisième ou quatrième mois de l'existence de son petit enfant que cette mère « ordinaire normalement dévouée » ou « suffisamment bonne[1] » va jouer le rôle de miroir. Et c'est ainsi que le bébé va se percevoir dans sa totalité, à travers le regard qu'elle pose sur lui : « Qu'est-ce que voit l'enfant quand il regarde le visage de sa mère ? Lui-même[2] ! » Ce ne sera que progressivement que le bébé va se différencier et se percevoir comme différent de sa mère, élaborant ainsi peu à peu la véritable image de lui-même, indispensable parcours pour la richesse et la construction de son épanouissement.

## Confiance et sécurité

Tels des vases communicants la mère et le bébé se regardent comme dans un miroir. Et c'est grâce à cette intimité mutuelle que se fonde la nature de notre lien. N'avez-vous jamais été surpris par la puissance du regard que certains bébés portent sur l'être qui leur fait face pendant le moment sacré du biberon ? C'est bien le visage de celui-ci qui joue son rôle, qui est là pour représenter ce fil tendu qui va construire la première représentation que nous aurons de nous-mêmes. C'est bien grâce à ces tout premiers liens sécurisants que nous allons faire l'apprentissage d'exister par nous-mêmes sans peur de l'abandon. Nous acquérons la certitude que l'absence physique de l'être cher ne veut pas dire qu'il aura définitivement disparu. Nous pouvons ainsi nous suffire à nous-mêmes, dans ces moments de « bonne solitude ».

---

1. Donald W. Winnicott, *La Mère suffisamment bonne*, Payot, 2006.
2. Donald W. Winnicott, « Le rôle de miroir de la mère et de la famille dans le développement de l'enfant. Aux limites de l'analysable », *Nouvelle revue de psychanalyse*, n° 10, 1974.

« J'ai eu la chance de recevoir des bases d'amour solides et inébranlables, me dit Alain. C'est je crois ce qui m'a permis de rebondir malgré les écueils. Tout n'a pas été rose, loin de là ; je ne suis plus jeune, et j'ai traversé comme tout le monde des moments arides : le cancer de ma femme, la perte d'un de mes enfants, une crise professionnelle. J'ai vécu dans ma vie du bon et du douloureux. Mais grâce aux premiers regards que mes parents ont posés sur moi, grâce à leur affection, et malgré leurs erreurs inévitables, j'ai toujours su que j'avais en moi une petite flamme intérieure… Cela m'a porté durant toute mon existence. Et même à leur disparition je sentais toujours leur regard. Ces premiers regards sont comme des racines, un socle d'une solidité à toute épreuve qui me guide sans cesse contre vents et marées. »

C'est ce regard bienfaisant qui nous permet d'avancer en bravant, en dépassant les critiques et les non-considérations extérieures ; qui nous offre ce cadeau sans prix de ne plus y plonger douloureusement et sans prise de recul aucune. Le sentiment de confiance que ce regard a insufflé en nous nous habitera toujours et nous permettra de faire davantage la part entre un reproche justifié qui est là pour nous faire avancer et celui qui n'est là que pour nous inférioriser et nous humilier. Nous serons capables de mettre ainsi chaque critique à sa juste place. Soit en la faisant nôtre si nous la jugeons bénéfique, soit en la mettant de côté si elle nous semble inappropriée. Ainsi pourrons-nous en toute liberté effectuer ce tri si salutaire quand la vie nous le demandera.

## Limites et liberté

C'est encore ce regard bienfaisant qui est là pour poser les limites face aux interdits. Le père qui fait les gros yeux n'est pas nécessairement un mauvais père mais peut signaler à son enfant par son attitude constructive et juste que «cela n'est pas possible». J'aime beaucoup cette phrase que j'ai faite mienne: «Aimer c'est savoir dire non!» Se positionner face à celui, grand ou petit, qui déborde dans l'irrespect, c'est aussi s'accorder de l'amour et en apporter à autrui.

J'ai ainsi accompagné Joseph, jeune papa, à l'occasion de difficultés qu'il rencontre avec son petit garçon: «Depuis quelque temps Marc est insupportable. Il pique des colères, refuse la moindre frustration et le moindre effort, tout y est pour rendre l'atmosphère irrespirable. L'obligation de se contraindre à la moindre limite le met dans un état déplorable.» Au fil de nos discussions, il comprend que son enfant, au travers de ses attitudes inajustées et négatives, le renvoie à lui-même: «J'ai été victime d'une éducation particulièrement dure et rigide où ce que j'étais réellement n'existait pas aux yeux de mes parents. Alors je me suis toujours dit: "Jamais ça. Jamais je ne serai un tel père." Et j'ai laissé mon fils adopter des comportements qui n'étaient finalement pas admissibles. Petit à petit j'apprends le juste dosage entre le trop et le pas assez. Marc grandit en acceptant petit à petit les limites que la réalité nous impose à tous. Il est beaucoup plus calme, moins agité, et surtout il accepte l'effort et se concentre beaucoup mieux à l'école. Et moi, grâce à lui, je me sens un papa beaucoup plus valable. Et cela n'a pas de prix pour moi.»

Loin de toute protection excessive, le regard bienveillant est aussi celui qui ne cherche pas à posséder l'autre ni à s'y agripper sans pression d'aucune sorte. Un regard qui dit : « Tu as en toi […] la force de devenir tout ce qu'il t'est possible de devenir, à la condition que je ne me mette pas en travers de ton chemin[1]. »

## Donner et recevoir, aimer et être aimé

Si nous souffrons du regard de l'autre, il importe donc de commencer par nous replonger dans les premiers regards qui ont été posés sur nous. Car si ce lien aux autres nous est si précieux c'est aussi qu'il nous permet de donner et de recevoir ; d'aimer et d'être aimé. Coupés de lui nous devenons semblables à Narcisse face à son propre visage et ne rencontrant que lui-même ; semblable à ce beau jeune homme épris d'amour pour son propre reflet qu'il prend pour un autre et qui, envoûté par ce visage dont le reflet lui renvoie la perfection, se trouve alors dans l'incapacité de percevoir les autres parties de lui-même qui se trouvent dans son dos : les parts d'ombre que nous portons tous. Il ne peut se détacher de cette image ni l'atteindre et finira par se noyer pour se transformer, comme le dit le mythe, en une fleur qui porte son nom et qui se reflétera dans l'eau à chaque belle saison.

C'est ce narcissisme qui entraîne cette attention exclusive à soi-même, qui conduit à cette incapacité d'accepter l'autre, de lui porter intérêt. À n'aimer et à n'accorder de l'importance qu'à soi sans le moindre regard vers autrui, prisonnier de cette incapacité de donner autour de soi et d'éprouver l'empathie et la compassion qui font partie de notre beauté intérieure.

---

1. Ruth Sanford, *Journal of Humanist Psychology*, 1973, p. 42.

# ...au regard qui nous abîme

*«Cherche le divin en toi plutôt que le diable chez les autres»*
*(Laurent Gounelle[1]).*

Dans le train où je me trouve, un petit garçon de 7 ou 8 ans pose une question à son papa. Il n'obtient pas de réponse en retour mais ces simples mots : «Pourquoi tu poses une question aussi stupide ?» L'enfant ne dit plus rien. Il se tait. Doit-il régulièrement faire face à ces réactions paternelles ou bien ce papa est-il fatigué et s'est-il laissé entraîner par sa lassitude, ce qui peut nous arriver à tous ? Mais à cet instant qu'en est-il du regard que cet enfant porte sur lui-même ? Bien souvent c'est cette part narcissique qui nous habite qui porte ombrage au regard que nous portons sur l'autre. Nous ne voyons plus que nous-même et ne voyons plus celui qui nous fait face. Cela peut passer par de menus événements du quotidien, comme la réaction de

---

1. Laurent Gounelle, *Le jour où j'ai appris à vivre*, Éditions de la Loupe, 2014.

ce papa. Mais il s'agit néanmoins chaque fois d'une sorte d'attaque portée à la valeur de l'autre, à sa présence, à son existence.

## Le regard qui profite de nous

Notre parcours de parent est parsemé d'erreurs «accidentelles» plus ou moins lourdes de conséquences, ou tout du moins exempts de cette perfection inatteignable. Mais il existe aussi malheureusement des êtres qui utilisent autrui uniquement comme faire-valoir pour mettre en avant leur propre personne et pour rehausser et redorer leur propre image, bien loin du désir de don gratuit. Ces parents-là ont alors pour unique objectif, avec conscience ou non, de se mettre en avant et de se valoriser par l'intermédiaire de leurs enfants, qu'ils pousseront alors par exemple dans la voie d'une scolarité ou d'études qui leur permettent de briller ou de dépasser une image sociale à laquelle leurs propres parents n'étaient pas parvenus, ce dont ils avaient profondément souffert quand ils étaient eux-mêmes enfants. Ceux-ci ne servent qu'à réparer leur propre blessure. Nul regard porté réellement vers eux…

Daniel est venu vers moi dans un état de grande souffrance. Jeune adulte, il se trouvait dans un profond état de dépression, comme on nomme cet état de désespoir, qui est pourtant le premier palier vers un changement vital de vie, premier appel vers un «autre chose».

«J'ai toujours souhaité être comédien, me dira-t-il dans un état de très grande tristesse en se plongeant dans ce douloureux passé, mais cela a provoqué une tempête à la maison le jour où je l'ai dit à mes parents, si bien que je n'ai jamais osé m'opposer à leur refus. Mon père et ma mère venaient tous deux d'un milieu simple. Mon grand-père était ouvrier et ma grand-mère faisait des ménages. Eux-mêmes ont souffert de leur statut de "petits commerçants". Depuis tout petit j'ai senti un poids énorme sur mes épaules. J'étais l'aîné et j'ai toujours perçu que je devais en quelque sorte redorer l'image de la famille et réparer la honte que mes parents avaient ressentie enfants. C'est ainsi que je me suis retrouvé à passer mon bac S. Que de douleur... Car il n'était pas question que je fasse autre chose que médecine ou droit, et cela depuis la fin de mes classes primaires. C'était comme on peut dire ma "destinée". Mes parents ne m'ont jamais demandé mon avis et les rares fois où j'ai essayé de l'exprimer ça a été sans retour, avec le risque d'être mis à la porte. Cela m'a été clairement dit.

Je me suis mis à suivre en cachette des cours de théâtre. Et je ne le regrette pas. C'est le chemin que j'ai parcouru qui m'a permis de sortir de cette culpabilité de n'avoir pas su répondre et correspondre pleinement à leur désir. Mais même si je ne suis pas devenu comédien de profession, je me donne la joie de faire partie d'une troupe qui m'épanouit, une seconde famille en quelque sorte, et qui plus est qui possède un certain renom ! »

Ce n'est que peu à peu mais de manière de plus en plus affirmée que Daniel a pu s'adonner enfin à l'art auquel il avait toujours aspiré. Devant son désespoir, ses parents ont par ailleurs fini par le comprendre... Mais que de passages douloureux avant qu'il n'accède à ses aspirations véritables et au sens profond de son existence !

Nous rencontrons tous dans la vie de tous les jours ces êtres chez qui c'est le profit qui prime. J'ai ainsi comme tout le monde vécu de tristes déceptions, celles qui font partie du lot de toute existence, pour des liens que j'avais pris comme autres que ceux qu'ils étaient réellement. Comme ces amis que vous recevez gentiment à diverses reprises et qui en fait ne viennent que parce que cela leur donne l'occasion de faire du tourisme dans la région. Une fois l'exploration terminée, ils s'envolent vers un ailleurs géographique et «amical» plus intéressant… Toujours le profit et l'intérêt au centre… Grande tristesse quand on prend conscience de la réalité des choses… C'est dans le moindre détail que ce regard porté sur l'autre n'est alors absolument pas généré par le désir de faire tout simplement plaisir.

## Le regard qui juge

Le regard qui nous abîme c'est aussi celui qui impose, contraint et évalue. Celui qui nous dit comment on doit être et qui nous dépossède de notre capacité à nous réaliser par nous-mêmes et à croître. Et tout cela peut prendre des aspects dramatiques, parfois même nous dévaster.

C'est bien sûr dans notre histoire individuelle que nous trouverons les racines de nos blessures. C'est de bonne heure que nous nous serons perçus comme non considérés ; laissés pour compte ; dévalorisés. Ou au contraire accueillis à bras ouverts avec toute la tendresse qui nous permet de tenir debout. C'est ainsi dès la naissance que l'on nous accueille pleinement avec ce que nous sommes ou non selon la famille dont nous allons faire partie. Et puis la vie continue, et au-delà de notre bain familial les événements qui surviendront, les situations que nous vivrons continueront la tâche : nous confirmer les premières blessures ou non ; rouvrir les plaies du passé non cicatrisées. Ce sont bien eux qui parfois les amplifieront en les creusant de plus en plus.

Quelques secondes peuvent suffire pour adresser un regard critique, une parole blessante ou un geste porteur d'humiliation. Personne n'est à l'abri. Que l'on en ait été soi-même l'auteur ou que nous en ayons été au contraire la victime. Mais les traces qu'ils laisseront et la guérison de la blessure provoquée pourront parfois prendre des années... Et ce regard destructeur, quand on l'a vécu, peut atteindre selon notre parcours différents degrés dans le mal qu'il provoque. Jusqu'à l'envie d'en finir. Car nous avons tous besoin d'être aimés tels que nous sommes. Tout simplement. Qui d'entre nous n'a pas vécu des situations simples et anodines au premier regard, mais qui étaient en réalité source d'un sentiment d'injustice, d'un jugement erroné qui fait mal ? Comme ces mots chargés d'une intense émotion que m'a exprimés Florence en remontant au temps de son enfance.

« Quand j'étais petite il m'arrivait de chercher et de taquiner ma petite sœur, qui ne se gênait pas pour le faire elle aussi, et beaucoup plus souvent que moi. Mais même quand je ne faisais rien, elle en rajoutait et se mettait à hurler, si bien que parfois je me faisais punir pour rien. Elle savait vraiment y faire en courant se mettre dans les jupes de maman. Comme elle était la plus jeune on la croyait. Combien de fois j'ai eu beau tenter d'expliquer que je n'avais rien fait et pourtant c'est moi qui me faisais gronder. Cela m'a conduite, je le sais, à me mésestimer et même à me rendre responsable de choses pour lesquelles en fin de compte je n'étais pour rien... On me disait à chaque fois : "Ta sœur est plus petite. C'est à toi d'être raisonnable et d'être un modèle pour elle." Et ce que je ressentais n'avait en fait rien à voir avec cela. J'ai souvent eu un sentiment d'incompréhension et d'injustice... Et quelle sensation de solitude... J'en suis arrivée à ne plus rien dire à personne. À quoi bon puisque personne ne comprendrait. Je me suis mise à m'inférioriser moi-même et à entrer dans la spirale de l'échec. Je pensais qu'ainsi on me regarderait peut-être avec un peu plus de compassion. Mais au contraire cela n'a fait que m'apporter des humiliations supplémentaires. Je me suis moi-même piégée dans un véritable cercle vicieux. Et j'en suis arrivée à me détester... »

Un tel vécu peut sembler anodin, et il est sans grave conséquence quand le ressenti douloureux n'est dû qu'à une erreur ponctuelle, que peut faire tout parent. Mais cela peut laisser des traces profondes quand nous le vivons de façon systématique et quotidienne. Comme ces mots, ces regards du registre de la culpabilisation qui atteignent au plus profond, tel un innocent poison. Ces «Après tout ce que l'on a fait pour toi!», «Mais tu n'es décidément bon à rien», «Qu'ai-je fait au Bon Dieu pour avoir un enfant pareil!»... Chacune de ces phrases, répétées, rabaisse l'autre au statut incontournable de coupable... ou d'incapable.

Jean-François a le sentiment de n'avoir jamais reçu de regard gratifiant de la part de ses parents. «Quoi que je faisais à l'école, ce n'était jamais suffisant. Je me souviens que quand j'étais premier de la classe, j'attendais quelque chose de leur part qui ne venait jamais. Ils me disaient: «Tu n'as pas triché par hasard?» ou «Dis donc, qu'est-ce qui t'arrive?». En revanche, quand je rapportais une note moins brillante, et même si j'avais eu la moyenne, je me faisais humilier devant toute la famille. Je n'avais aucune porte de sortie possible... »

## Le regard qui détruit

Certains d'entre nous ont malheureusement été amenés à côtoyer certains êtres habités par ce désir dominant de détruire tout lien humain. Pour ces derniers qui n'ont pas reçu l'amour nécessaire, ou au contraire trop et de manière non ajustée, tels la « petite reine » ou le « petit roi » de la maison, le besoin de mainmise et de toute-puissance exercé au cours de leur enfance continue. Et pris entre leurs griffes celui qui en devient la victime peut aller très loin avec ce sentiment de perdre pied. Je me devais de retranscrire quelques lignes du touchant témoignage de cette femme d'âge mûr ayant enfin fait le choix de sortir de son mal-être qui remontait à bien loin.

« Nous sommes quatre frères et sœur. J'étais très jeune quand nos parents se sont séparés et ma mère s'est remariée avec un homme qui dès le début nous a rejetés. Enfant unique, il avait été habitué à ce que tout tourne autour de lui, il était le préféré et avait toujours eu tout ce qu'il voulait. Dès lors, partager avec nous l'amour de notre mère lui était tout simplement impossible. Il a tout mis en œuvre des années durant pour briser les liens qui nous unissaient tous. Chacun de ses regards, de ses gestes, chacune de ses paroles n'était là que pour casser, rompre ce qui nous réunissait. Il faisait en sorte de nous monter les uns contre les autres, comme de monter notre mère contre nous par des insinuations anodines au premier abord mais faites pour abîmer notre relation.

Nous nous sommes fâchés plusieurs fois avec mes frères et sœur. Il savait si bien s'y prendre pour "diviser pour mieux régner" comme on dit, critiquant par ses insinuations perfides l'un ou l'autre sous forme de médisances particulièrement violentes. Notre père, malgré tout l'amour qu'il nous portait, est resté dans l'ombre car mon beau-père faisait tout pour le pousser à bout et envenimer les choses. Mais il veillait sur nous et dans ses mots il faisait au contraire tout pour nous rassembler et restaurer les liens.

Mon beau-père n'a pas gagné et n'est pas arrivé à ses fins, même s'il a profondément abîmé ma mère, mais il est parvenu à ce que nous le craignons tous. Par exemple quand il la menaçait devant nous et levait la main sur elle. J'en ai comme perdu la tête et nous ne savions plus quels étaient véritablement nos liens car ses coups en douce pour nous monter les uns contre les autres étaient toujours imprévisibles. Que de douleurs traversées... De tout cela il me reste une culpabilité de n'avoir pas su garder une relation avec deux de mes frères. Je n'ai jamais pu expliquer à mes enfants pourquoi ils ne voyaient pas leurs oncles et leurs petits-cousins. Et surtout je vis dans la peur constante d'un nouveau coup bas de sa part... Je suis sans cesse sur le qui-vive. Pour me protéger de cette emprise je n'ai fait que m'enfermer sur moi-même et j'en suis même arrivée à douter des nouvelles relations qui pouvaient se présenter à moi. Je suis devenue si méfiante, moi qui n'étais que spontanéité et enthousiasme dans mes rencontres... »

## Sous l'emprise d'un regard

Combien de fois ai-je reçu des êtres que l'on pourrait croire définitivement détruits parce qu'ils sont devenus la proie quotidienne d'un regard néfaste. Proie de celui ou celle dont l'unique projet était de les anéantir. Combien de fois ai-je entendu : « Je ne sais plus qui je suis. J'ai la sensation de devenir fou. Ai-je raison de venir chez vous puisque je ne suis plus rien ? Je perds la tête. Oui je perds la raison. Je ne pense plus. Mon cerveau est comme vidé. » Et je ne peux chaque fois m'empêcher de penser à ces techniques de conditionnement bien connues et utilisées sur les otages, les prisonniers et tous ceux dont on veut voler l'humanité. Dans ce contexte extrême, les personnes victimes de ces techniques ressentent une véritable sensation de paralysie qui les submerge, elles se sentent comme prises dans les phares aveuglants d'une voiture qui leur ôte toute faculté de réaction. Elles ont l'impression d'être prisonnières d'un étau, qu'un piège s'est refermé sur elles, les laissant dans un état d'impuissance totale.

Parfois même ce décervelage, cette sensation de ne plus être maître de ses pensées, coupe celui qui les subit de toute réaction. Les mots, les humiliations verbales qui provoquent ce véritable état de tétanie dont les personnalités perverses sont si friandes face à leur proie, s'accompagnent aussi de coups portés au corps. Il ne s'agit plus de sarcasmes, de dénigrements, d'infériorisations rabaissantes en présence d'autrui ou des enfants (« Vous avez vu les enfants comme votre mère elle est grosse et moche ? »), mais aussi de coups, de bleus, de plaies physiques. Toute la dignité de la personne se trouve profanée par le regard prédateur. Une femme qui a connu l'emprise de cette aliénation a, je crois, vécu sous le pire regard qui puisse exister. Corps et esprit sont anéantis. Tel était le but : avilir ; voler la dignité d'un être. Tel le processus mis en place au sein des sectes, un véritable lavage de cerveau a eu lieu.

Ève a eu beaucoup de mal à se décider à prendre soin d'elle en venant à ma rencontre. Il émanait de cette femme d'une cinquantaine d'années à la fois un profond sentiment de lassitude face à l'existence et une lumière dans les yeux qui semblait avoir résisté à tout ce qu'elle avait traversé.

«Au début je ne comprenais pas. Après les premiers coups je me suis dit que ça n'était que des bleus et je l'excusais en me disant que c'était probablement ma faute, que je n'avais sans doute pas su m'y prendre quand il était fatigué après sa journée de travail. Il me disait constamment que j'étais folle pour chacun de mes gestes et à la moindre de mes paroles, et je finissais par le croire.

L'emprise s'est installée progressivement. Au début il me disait: "C'est pour toi que je dis ça..." Et si je résistais, rien qu'à peine, les coups pleuvaient, de plus en plus violents, avec les menaces, les insultes et les cris qui les accompagnaient: "Tu n'es qu'une bonne à rien !" Et puis il me parlait souvent de son enfance malheureuse, alors à chaque fois, prise de culpabilité, je passais l'éponge... Je me disais qu'il était normal qu'il me traite ainsi.

J'étais devenue son objet, et à mes propres yeux aussi. Je ne pensais plus, je doutais de tout. Il m'avait enlevé toute capacité de résistance. Toute ma personne, toute mon âme était devenue son esclave. D'un seul regard je savais ce qui allait se passer. Il m'a même menacée de me faire enlever mes enfants: "Tu es totalement incapable de t'en occuper correctement et je vais faire le nécessaire pour que tu ne les vois plus", ai-je souvent entendu...»

Ève a pu sortir du regard hypnotique de son prédateur après un long travail de reconstruction. La peur tétanisante de son bourreau s'est atténuée très doucement: «Maintenant que ma peur est morte mon tyran est mort lui aussi!» Elle est également parvenue à pointer ce qui l'avait amenée à tant de soumission et à mettre en lumière tout l'arsenal que son mari avait employé pour la maintenir dans l'échec, tout le processus qui crée ce sentiment d'emprise et le cultive de manière si pernicieuse.

« Ça a commencé comme un rêve, par la séduction qu'il a réussi à exercer sur moi : "Je n'ai jamais rencontré une femme aussi belle et intelligente"... L'amour idyllique que j'avais toujours recherché était là et mon prince charmant aussi. Et puis il a su se poser en victime, cet enfant malmené par la vie et par son divorce qui, me disait-il, l'avait détruit. Ainsi, il a pu gagner ma confiance. Il m'avait ferrée comme un poisson. »

Le compagnon d'Ève préparait sa mainmise. Ensuite, progressivement, s'installèrent la dévalorisation et la privation de son libre arbitre, la culpabilisation : « Ce que tu es égoïste, ingrate, avec tout ce que je fais pour toi », etc. Enfin la menace : « Si ça continue je te plaque ! » Et le chantage affectif : « Si tu savais comme je souffre »... Il s'agissait là de cet arsenal d'attitudes, de toutes ces étapes bien connues utilisées par ceux dont le regard désire rabaisser, mais qui peu à peu n'avaient plus de prise sur elle... Ce ne fut que lorsque l'emprise cessa qu'Ève réussit à se séparer de son compagnon. Elle réalisa alors qu'en ne lui cédant plus elle lui ôtait enfin tout pouvoir sur elle. Et ce fut une fois de plus que cette femme si lumineuse et si chaleureuse me révéla combien l'être humain peut se montrer capable de se relever de telles horreurs subies face à un regard qui tue...

Quand Valérie prit enfin la décision de sortir de son enfer et de sonner à ma porte, ce fut pour m'exprimer que son mari l'obligeait à se mettre à quatre pattes pour ramasser ce qu'il avait jeté par terre. Comme son père qui, me dit-elle, la traitait de « graine de pute » dès l'âge de 10 ans ! « Si je n'ai pas pu le quitter ça n'est pas que j'étais masochiste, comme j'ai pu l'entendre et ce qui me faisait encore plus souffrir car je me sentais incomprise. Mais j'en étais arrivée à ne plus savoir qui j'étais. Il m'avait comme lavé le cerveau. La sensation de ne plus être qu'une ombre vidée de toute substance... »

Et puis que dire du regard de ces pédophiles dont certains petits êtres fragiles ont subi les pires irrespects. Considérés comme une chose, un simple objet vis-à-vis duquel on peut tout se permettre… Ou encore de ces êtres touchés par cette maladie que l'on appelle la paranoïa. Ceux dont le regard est prisonnier d'un délire qui les fait se sentir constamment persécutés par le monde entier : on leur en veut ; on veut leur nuire ; on complote contre eux. Ou bien qui les plonge dans un sentiment de jalousie chronique vis-à-vis de leur conjoint qu'ils traquent à chaque minute.

C'est au cœur de ces contextes extrêmes que l'impact et l'ampleur du jugement et de son emprise peuvent mener aux pathologies les plus profondes. C'est à une échelle beaucoup plus vaste et au cours des nombreux faits et événements qui ont traversé l'Histoire que nous prenons pleinement conscience du mal que toutes ces formes de regards destructeurs, sélectifs et rejetant ont pu engendrer au cours des siècles. Combien la haine de l'autre, de « certains » autres a pu engendrer de drames, que ce soit pour des raisons politiques, culturelles ou religieuses : mort à celui qui a été jugé néfaste et à supprimer selon certains critères.

Et qu'en est-il alors de ce regard si particulier que la société qui nous entoure pose sur nous et qu'elle nous renvoie ?

# Le regard de la société

*« Faudrait être une anguille / Un peu maigre, un peu lisse / Pour entrer comme Alice / Au pays merveilleux / [...] On est toujours trop quelque chose / Trop ou pas assez / [...] J'suis trop forte / Oui trop forte d'être arrivée jusqu'ici »* (Maurane[1]).

Nous sommes tous pétris de notre enfance. De notre parcours et du nid, bienveillant ou non, qui nous a accueillis. Nous nous sommes vus à travers le regard doux, tendre, ou dépréciateur de ceux qui nous ont entourés. Puis la vie a continué, et en grandissant nous nous sommes rapidement confrontés, dès l'école, aux yeux du groupe et de la société tout entière. C'est elle aussi qui contribue à nous laisser voguer selon notre véritable être, en toute facilité, ou au contraire nous freine et ne nous facilite pas la tâche.

Le jugement varie selon les époques. Les proscrits aussi. Si nous avions fait partie de celles que l'on appelait « filles mères » à une

---

1. Maurane, « Trop forte », *Ouvre*, 2014.

certaine époque nous aurions été perçues comme une moins que rien et nous aurions probablement été abandonnées par notre famille. Il y eut aussi ces années où si nous avions été homosexuels nous aurions été mis au ban de la société. Un amour impossible entre une toute jeune fille et un homme adulte aurait été traîné devant la justice. Je me souviens ainsi de ce film d'André Cayatte, *Mourir d'aimer,* sorti en 1971, qui retrace l'histoire vraie d'un jeune lycéen et de sa professeure âgée de 30 ans, rôle incarné par Annie Girardot. Une histoire d'amour forte et intense frappée d'interdit par la société. La jeune professeure finira par se suicider à la suite des poursuites judiciaires lancées contre elle et de son procès. Tout cela semble aujourd'hui un peu hors de la réalité mais nous renvoie en fin de compte brutalement à toute la relativité que possède un jugement… Difficile en effet à notre époque de garder le cap de nos propres choix en toute liberté. Suivre nos convictions hors de certains repères environnants ne nous est pas forcément aisé car il semblerait que nous soyons toujours « trop » quelque chose ou « pas assez »…

Le parcours de Camille a été parsemé d'embûches, de perte amoureuse en perte amoureuse dont elle est parvenue peu à peu à comprendre le sens. Elle perçoit un lien entre ses souffrances et sa vie enfant, et notamment avec une certaine coutume qui n'a fait à ses yeux qu'accentuer sa difficulté à tisser des liens positifs.

« Je suis d'origine corse depuis plusieurs générations. Sur cette île il y a la pratique du mauvais œil, l'ochju, qui fait partie des traditions et des croyances les plus anciennes et se perpétue surtout de mère en fille. Il a une place très importante dans nos coutumes. Il suffit d'un seul regard d'une personne jalouse ou envieuse pour qu'une énergie et un fluide néfastes attirent le mauvais sort sur celui ou celle qui en est victime. Nous avons nos rituels, nos gestes symboliques pour le conjurer, mais seules les personnes initiées peuvent briser ce mauvais sort.

Quand j'étais petite ma grand-mère me racontait toutes sortes d'histoires qu'elle tenait de sa propre mère. Elles étaient persuadées de la présence d'une malédiction se perpétuant de génération en génération sur les relations de couple dans notre famille. Ma grand-mère m'a toujours dit que son malheur d'épouse venait de là, et ma propre mère aussi. Je prends maintenant conscience de l'impact que tout cela a eu sur moi. Je me suis longtemps demandé pourquoi je ressentais sans cesse un sentiment d'impuissance face à tout ce qui m'arrivait, notamment dans mon couple. Et sans cesse cette impossibilité de choisir les événements de ma vie. Au contraire j'avais l'impression que ma destinée était écrite et que je n'y pouvais rien. "Ça doit être ainsi", me disais-je quand une querelle éclatait entre mon mari et moi. À quoi bon se battre quand tout est écrit? J'étais comme habitée par un statut de victime qui m'a souvent empêchée de réagir pour redresser la barre. L'idée d'un destin implacable l'emportait et mon sentiment d'impuissance qui allait avec. »

## Un système d'évaluation perpétuelle : les injonctions de notre société

Au-delà de ces traditions ancestrales, il n'est à l'heure actuelle qu'à regarder tout autour de nous pour nous apercevoir de la puissance du jugement d'autrui, par l'intermédiaire de tous ces systèmes d'évaluation qui nous envahissent de manière frénétique, nous reconnaissant comme un être positif ou non, comme faisant partie de la norme ou non, «conforme» ou non. Les apparences sont déjà en elles-mêmes si trompeuses sans ce poids supplémentaire. Un être qui vous semblait critiquable se révèle plein de richesses. Un autre que vous idéalisiez vous déçoit quand certains côtés de lui-même se dévoilent… Immergés dans les nombreux critères statistiques qui nous entourent en abondance et considérés selon certains critères comme faisant partie de la «normalité» ou non, cela ne fait que nous rendre les choses encore plus difficiles. Comment alors ne pas douter de soi? Être certains de se trouver sur «sa» propre voie si l'on ne fait pas partie de la majorité, ou jugée comme telle par les sondages. Comment ne pas se considérer comme non reconnu quand déjà le manque de confiance en soi fait partie de notre souffrance? Et pourtant l'abondance des sondages ne cesse de nous y soumettre tous.

Ce regard évaluatif incessant, c'est aussi celui que nous retrouvons dans notre vie la plus quotidienne. Ce fut lui qui conduisit Laurent sur mon chemin. Au chômage et papa de quatre enfants, il me disait son sentiment de culpabilité de ne pouvoir parvenir à remplir son rôle de père tel qu'il le concevait et comme son père le lui avait transmis : gagner sa vie pour nourrir sa famille.

«Je souffre de mon statut de chômeur; on dit tellement de choses. Par exemple on nous rabâche plusieurs fois par jour que pour être en bonne santé il faut manger cinq légumes et fruits par jour. C'est bien joli mais quand je ne peux pas offrir ça à mes enfants, si vous saviez comme je me sens nul... Mauvais père surtout. Mais je ne peux vraiment pas leur donner ce que les pubs nous réclament. Et ils ont un tel appétit! Mais c'est celui de leur âge. Je ne vais quand même pas le leur reprocher... Tout ça me fait si mal. Je m'en sens tellement coupable...»

Nous nous devons de correspondre à tant de critères… Être beaux, heureux, avoir des enfants sans problème, un travail épanouissant, ne pas fumer, faire du sport, etc. Alors avoir la force de ne pas être dépendant de ce que les autres peuvent penser devient un parcours du combattant. Tout comme se détacher du conformisme pour garder cette flamme du désir d'aller pleinement vers soi.

La puissance des injonctions sociales et des yeux que la société porte sur nous s'insinue, s'immisce, s'infiltre jusqu'au cœur même de notre vie la plus intime, notamment dans ce qui touche à notre sexualité. Et s'il existe un domaine personnel et propre à chacun c'est bien celui-là. Pourtant les statistiques abondent relevant selon les sondages notre « rythme » par semaine ou par mois en ce domaine. Alors que de comparaisons, que de jugements vis-à-vis de soi-même tout cela entraîne-t-il, et combien cela peut être douloureux quand on possède déjà une perception fragile de son image…

Aurélie, au cours de nos échanges si souvent chargés d'émotion, se révèle habitée par un grand doute sur elle-même, au sein de son travail et surtout dans son couple. Elle exprime sa souffrance et son désespoir avec beaucoup de larmes.

« Oh comme je me déteste ! Mais je sais bien d'où ça vient. Ma mère m'a toujours tout reproché, elle m'a toujours dit que c'était à cause de moi si elle avait eu tous ces problèmes circulatoires à ma naissance et qui ont duré toute sa vie. Mon compagnon me reproche lui aussi d'être comme je suis. Tout lui est bon pour me le rappeler. Son regard est celui de ma mère sur moi. Il a constamment tendance à me déprécier. Surtout en ce qui concerne notre vie intime. Là aussi je me dis que je ne vaux pas grand-chose. Il me reproche de ne pas faire suffisamment l'amour en me citant certains articles de journaux et de sondage. Alors je me compare à toutes ces statistiques qui nous disent combien de fois il est raisonnable de faire l'amour par semaine afin d'être un couple normal. Du coup tout se bloque en moi et plus je me compare, plus je perds ma confiance, qui est déjà si petite... Et puis je m'interroge : "Suis-je une mauvaise compagne ? Suis-je une femme à la hauteur ?" Je doute tellement de moi. La sexualité est si importante... On en parle partout...»

Que de souffrance, que de mésestime de soi ce regard social implacable entraîne-t-il...

## Le devoir d'être vu...

Dans une société au versant narcissique comme la nôtre où domine le jeu des apparences, «briller» en société, que ce soit au travail ou dans la vie de tous les jours, nous demande dès lors encore plus d'exigences pour obtenir ce droit à la reconnaissance dont nous avons tous besoin. L'univers des stars, des personnages publics mis sous les feux de la rampe, ou tous ceux dont le livre expose leur parcours personnel bien souvent empreint de malheurs traversés dans leur enfance, parfois à la limite de l'exhibitionnisme ou de l'indécence, nous impose d'être *vus*.

Au sein de l'ère de transparence que nous traversons notre société révèle plus que jamais le besoin de chacun d'être regardé. Ce besoin de transparence guidé par la toute-puissance du regard domine la scène dans cet avènement du règne de l'image. Sorte de nouvelle morale implacable, être vu nous soumet plus que jamais au regard de l'autre. La « tyrannie du paraître » bat ainsi son plein dans tous les registres. Pour un poste, dans le domaine professionnel, et même chez soi nous nous devons d'endosser un costume. Alors rester à sa juste place, rester soi pleinement hors du regard sélectif et rejetant d'où l'humain parfois semble avoir disparu, devient pour certains d'entre nous une mission difficile, et même impossible.

## Le poids de l'apparence physique

L'apparence physique devient une des clés de la discrimination sous diverses formes. C'est notre corps, bien sûr, qui dans les conditions actuelles prend une place prépondérante, qui malheureusement devient comme notre passeport dans de nombreuses situations. Car c'est sur lui, d'abord, que se posent les yeux. Lorsque avoir un corps parfait devient une des injonctions de notre société, il n'est pas bon de posséder un physique qui ne corresponde pas à cet idéal ! « Normal » ou « handicapé », « noir », « jaune » ou « blanc », « gros », « maigre » n'ont jamais apporté la même considération dans le regard de l'autre.

De nos jours, le « paraître » à travers un corps musclé et mince s'ajoute aux exigences que l'on nous impose, et j'accueille souvent des témoignages empreints de cette difficulté que nous avons parfois à trouver notre place quant à notre aspect extérieur : « Je donnerais tout pour ne pas me sentir exclu des autres. J'ai le sentiment constant d'être inutile dans une société qui vous reconnaît bien souvent par votre statut social, mais surtout par votre physique. Avec tout ce qui m'est tombé sur le dos ces dernières années j'ai beaucoup grossi et je vois des regards se poser sur moi qui me donnent honte ; honte

d'être comme je suis. Car on n'a pas le droit d'être comme je suis. »
Malheureusement, le poids du regard de l'autre sur notre apparence
et ce que l'on donne à voir commence dès l'école et ce douloureux
sentiment de différence débute de bonne heure.

Gaspard est un petit garçon très attachant que je connais depuis quelques mois. Ses parents me l'ont amené quand ils ont réalisé qu'il semblait depuis quelque temps se mettre à l'écart des autres à l'école. Blond comme les blés, les cheveux bouclés, il ressemble plus à un poète en herbe qu'à un sportif. Et puis il est d'une taille plus petite que la majorité des enfants de sa classe.

« Je ne comprends pas. Toi tu vas peut-être m'aider ? Je crois que je ne suis pas comme les autres. Alors je n'arrive pas à me faire de copains. Pourtant j'essaie de jouer avec eux, mais c'est vrai que j'aime pas le foot et eux ils ne pensent qu'à ça. Ils me rejettent tout le temps à cause de ça. Moi j'aime lire, dessiner, et je m'entends mieux avec certaines filles de ma classe, mais elles restent entre elles et elles aussi me mettent de côté. Mais si tu savais comme j'aurais des choses à leur dire. J'ai beau être au CE2 je fais des poèmes, figure-toi. Je te les amènerai si tu veux... Mais ça ne les intéresse pas du tout. J'aime bien rêver aussi. Mais les autres garçons ne sont pas comme ça. Et puis en plus quand je lève la main pour répondre à une question ils se moquent de moi et ils me traitent de "monsieur qui sait tout". Et ils se moquent aussi de ma taille, ils disent que je suis petit et que je vais rester comme ça... Je suis si malheureux. Pourtant je ne les embête jamais. Alors pourquoi ils sont comme ça avec moi ? »

Ce n'est que très doucement que Gaspard, petit garçon qui s'est
révélé précoce et possédant des capacités exceptionnelles, a pu vivre

sa « différence ». Peu à peu il a réalisé qu'il possédait lui aussi des trésors en lui, pas forcément les mêmes que les garçons de son âge, mais ses propres richesses. Il a ainsi pu porter un regard sur lui-même plus doux, plus reconnaissant, et surtout il a fini par trouver deux enfants dans la classe supérieure avec lesquels il a pu devenir ami et partager ses belles qualités…

## Être ou bien paraître ?

Aucun domaine de notre vie n'est épargné et notre apparence conditionne bien souvent nos relations aux autres. Au « Être ou ne pas être » d'Hamlet pourrait presque de nos jours se substituer le « Être ou bien paraître »… Alors comme le dit la chanson, « T'es forte, oui t'es forte d'être arrivée jusqu'ici[1]… » Pensez aux mots du *Petit Prince* d'Antoine de Saint-Exupéry : « On ne voit bien qu'avec le cœur. L'essentiel est invisible pour les yeux. » C'est si vrai… Mais avec ces nouvelles exigences autour de notre aspect extérieur que nous impose le regard de la société on finirait, si l'on n'y prenait garde, par oublier cet « essentiel » qui, bien loin du tapage et de la facticité du dehors, est logé tout au-dedans, bien tout au fond de nous. Cette part intime qui nous permet de rester nous-mêmes, de sauvegarder notre identité profonde, malgré notre histoire et le poids du regard extérieur.

En cette ère axée sur le paraître, arrêtons-nous un instant et pensons à ceux que la vie a privés de la vue. Ne possèdent-ils pas quelques ressemblances avec les nouveau-nés, les êtres vieillissants ou en fin de vie ? Ceux qui se situent bien au-dessus de la bienséance, des

---

1. Maurane, *op. cit.*

convenances, du qu'en-dira-t-on, au-delà de tout jugement ? J'ai toujours été profondément frappée par ces êtres dont l'accès au physique des autres a été rendu impossible. Tous nos critères d'évaluation sont hors de leur monde et c'est au contraire leur univers intérieur qui représente bien souvent leur boussole. Comme si cet univers primait, nullement troublé par les remous extérieurs, à l'abri de ce « premier coup d'œil » dévastateur que l'on peut porter sur l'autre. Ils sont ainsi nombreux à être davantage tournés vers leur intériorité et sa fécondité ; nombreux à ne pouvoir être affectés par le seul critère de l'habit extérieur. Et si bien sûr ils ne sont pas à l'abri comme pour chacun de nous d'un jugement porté sur l'autre, il ne leur est en tout cas pas donné la possibilité de tomber dans le piège de ce « premier coup d'œil », de ce filtre si puissant qui trie, juge et catalogue nos semblables par la vue, celui de l'apparence extérieure. Peut-être la recherche du vrai et de l'authentique leur est-elle ainsi rendue plus accessible et représente-t-elle pour eux une sorte d'atout… Peut-être représente-t-elle ce qu'ils possèdent en échange de ce qu'ils ont perdu… Celle que nous possédons de manière toute naturelle aux deux extrémités de notre existence.

## …plutôt que d'être

Loin du regard de la société, malgré nos parcours de vie et le contexte social dans lequel nous évoluons, il nous reste toujours l'espoir de retrouver cette compassion pour l'être que nous sommes et de nous porter reconnaissance. De retrouver en nous les parts de beauté dont sait si bien parler le poète François Cheng[1]. Cette

---

1. François Cheng, *Cinq Méditations sur la beauté*, nouvelle édition, Albin Michel, 2017.

lumière qui est là, parfois bien tapie dans un coin de nous, mais qui n'attend, malgré les humiliations subies, qu'un élan pour se révéler. Il nous faut croire de toutes nos forces en cette métamorphose… Car il y a toujours une oreille pour nous accueillir. Celle d'un proche, d'un parent, ou d'un accompagnant… Cette oreille qui peut nous guider sur le chemin du comment parvenir à donner sa juste place à ce regard extérieur, comment lui accorder celle qui lui appartient réellement. C'est-à-dire éviter de lui donner «trop peu» d'importance, au risque de rejeter toute critique et remise en question de la part des autres qui nous permettent pourtant de grandir, et ne pas lui donner «trop» d'importance, au risque de nous rendre esclaves de l'opinion d'autrui et de nous éloigner de nos propres idées et conceptions de l'existence.

Comme le dit Carl Rogers, psychologue américain humaniste fondateur de l'approche centrée sur la personne, voie qui est la mienne en tant que thérapeute: «À mes yeux l'expérience est l'autorité suprême. Ni la Bible, ni les prophètes, ni Freud, ni les révélations émanant de Dieu ou des hommes ne sauraient prendre le pas sur mon expérience directe et personnelle. Ce n'est pas parce qu'elle est infaillible que mon expérience fait autorité, mais parce qu'elle peut toujours être vérifiée.» Mais il nous est souvent difficile d'atteindre cette confiance, cette foi en nous-mêmes et en nos propres expériences car nous passons beaucoup de temps à juger, à critiquer, et à nous comparer.

Il m'arrive moi-même de me laisser surprendre plus souvent que je ne le souhaiterais par ce petit diable intérieur et pernicieux qu'est la critique et qui habite chacun d'entre nous à des degrés divers.

Quand ce petit juge se met parfois en marche dans ma tête, j'essaie d'en prendre conscience. Mais il nous est si facile de tomber dans son piège… Si facile de cataloguer, de classer, de déterminer… Un timbre de voix peut suffire, un habit coloré, une silhouette sortant de l'« ordinaire » pour qu'une petite voix s'éveille en nous et émette un jugement. Car si la manière dont nous avons été reçus à travers le regard porté sur nous dans notre enfance est fondamentale pour nous permettre de nous ouvrir au monde et au partage avec nos semblables, c'est aussi ce premier regard qui entrave notre capacité de liberté et de choix de vie.

Alors jusqu'où peut-il nous conduire quand nous tombons sous son emprise ? Jusqu'où pouvons-nous aller quand c'est lui qui prend le pas sur notre être profond et que nous en devenons prisonniers, parfois jusqu'à la dépendance totale ? Le regard de l'autre peut nous faire basculer d'un côté ou d'un autre, et nous avons le choix de nous laisser écraser sous son poids ou au contraire nous rebeller pour effacer la honte qu'il nous a fait subir…

# Les pièges
# de la comparaison

# S'identifier au plus faible : la dépendance à l'autre

*«À vouloir être un autre, ou comme tout le monde,*
*on n'est jamais personne»*
*(Jean-Christophe Marion).*

«J'ai trouvé [...] ma religion dans son regard», chantait Johnny Hallyday. Ces mots disent combien il est facile de se laisser piéger par la toute-puissance du regard extérieur; de se mettre entièrement entre ses mains. On se sent alors tout petit et l'on ne peut qu'avoir l'impression d'être faible et démuni devant l'importance que l'on accorde à l'autre. Oui, c'est ce qui se passe quand nous nous percevons de façon négative, quand nous nous mettons sous l'emprise du jugement des autres et que nous finissons par donner trop d'importance à celui qui nous fait face. Alors le doute nous envahit et les freins qu'il entraîne nous empêchent d'avancer librement avec l'estime de soi nécessaire. Le doute et l'incertitude nous bâillonnent et entravent notre existence. Ligotés par tous nos entrelacs intérieurs nous nous sentons médiocres, si faibles et vulnérables devant ceux qui nous écrasent sous le poids de leurs dénigrements.

## Le poison du doute

Il est un doute qui nous est bénéfique lorsqu'il facilite nos remises en question. Il se révèle alors l'un des moteurs de nos avancées intérieures. C'est ainsi grâce à lui que nous accédons à des prises de conscience salvatrices. Mais il existe aussi une autre façon de douter qui, tout au contraire, nous freine et nous entrave dans nos choix : celle qui nous empêche d'avancer là où nous devons aller. Le regard de l'autre devient alors comme un dieu dont nous devenons dépendants et que nous pensons être le seul capable de nous indiquer la direction à prendre. Alors nous perdons de vue tous les trésors que nous possédons, nous ne savons plus les utiliser.

Ce doute est nourri par les diverses peurs qui nous habitent : peur de ne pas y arriver, de nous tromper, de faire de la peine, de nous faire remarquer, de l'inconnu, etc. Elles sont si nombreuses… C'est parfois la nuit qu'elles remontent à la surface, se transformant en pensées tracassantes sur ce que nous aurions dû faire ou dire durant la journée, et nous plongeant dans des remises en questions sans fin. Et plus nous doutons, plus nous nous mésestimons. Surtout si, dans un second temps, les regrets s'installent : « Si j'avais su, voilà ce que j'aurais dû faire ! C'était si simple en fait. J'aurais vraiment dû m'écouter… Du coup non seulement je m'en veux d'avoir hésité, mais en plus l'image que j'ai de moi est de moins en moins brillante. » Comme ces enfants qui connaissent la bonne réponse mais n'osent pas lever le doigt, et qui s'en veulent dès que la réponse est donnée par un autre.

Ce doute peut concerner les menus choix que nous devons faire au quotidien : un achat important, une décision à prendre au travail, inscrire notre enfant à une activité, choisir une destination pour un voyage, etc. Mais il en est aussi de beaucoup plus douloureux : décision de se séparer de celui ou celle qui partage notre vie, changement radical de vie, géographique ou professionnel, décision médicale. Les enjeux, les risques ne sont alors pas les mêmes. Et lorsque tout a été fait pour instiller en nous le poison de l'incertitude dans le moindre de nos actes, comment posséder de soi une image « à la hauteur », comment s'apprécier et poser sur soi un regard compatissant sans avoir un sentiment de culpabilité chevillé au corps ?

Laurie se cherche depuis longtemps, avec en elle ce courage immense qui anime chaque fois celui ou celle qui se met en quête de sa route intérieure. Elle se souvient : « J'ai toujours entendu ma mère dire : "Si tu n'avais pas été là j'aurais pu travailler !" Ou : "Si je me suis ruinée en frais de dentiste c'est à cause de tous les bonbons que tu as mangés !" Pourtant je me souviens qu'elle m'en achetait si rarement que j'enviais mes copines à l'école qui, elles, en avaient toujours... J'ai endossé le rôle de coupable si souvent. C'était comme un poison que l'on m'aurait inoculé goutte après goutte et sans doute dès ma naissance, ayant toujours entendu dire de ma mère que si je n'étais pas née elle n'aurait pas eu tous ses soucis de santé. Alors je me suis mise à douter de tout tout le temps ; à chaque fois que je devais prendre une décision. J'ai toujours eu la sensation d'avoir la peur de la moindre erreur chevillée au corps. »

Pour Alain, c'est toute une vie d'enfant errant de foyer d'accueil en foyer d'accueil qui a abîmé sa propre image sous le manque constant de considération dont il s'est senti la cible. «Je faisais les travaux de la ferme dès l'âge de 7 ans et mes bons résultats à l'école n'étaient jamais valorisés. Seuls les travaux manuels étaient jugés utiles. Il m'arrivait même de manquer l'école quand on avait besoin de moi pour le bois ou les bêtes. Je me suis longtemps senti différent des autres. J'ai tant de mal à aller vers les femmes. Je ne me sens pas un homme digne d'intérêt pour elles... Je ne sais pas si je parviendrai à fonder une famille. Pourtant je le voudrais tant...»

Avec courage et détermination, Alain a plongé au cœur de ce sentiment d'abandon, de non-écoute et d'isolement lié au regard méprisant que l'on avait toujours porté sur lui enfant. En dépassant l'image de lui-même profondément dévalorisée qu'il avait fini par se forger, il est parvenu à entreprendre, en plus de son travail de menuisier, une formation pour travailler auprès des jeunes de la Dass, comme lui-même en avait fait partie. Une si belle revanche sur la vie... «Je réalise que j'ai fait un véritable travail de dentelle. Je découvre ma lumière. Elle pourrait du reste me faire presque peur ! Comme si la haine que j'éprouvais pour moi depuis si longtemps se transformait en amour. Oui, maintenant, je me donne de la tendresse...»

## Un frein vers l'inconnu

C'est lui ce doute qui met à mal notre confiance. Et si nous ne cultivons pas celle-ci, nous risquons de la perdre rapidement et d'être privés de cette foi capable de soulever des montagnes. Ne pas douter, c'est comme une conviction ; une évidence inexplicable, au-delà de toute hésitation. Comme une petite voix qui des profondeurs nous dit : «Oui c'est bien cela la décision à prendre et pas une autre !» Ce sont ces hésitations, ces ambivalences qui nous empêchent de prendre des risques. Elles nous empêchent d'oser, tout simplement. «La vie est une aventure audacieuse ou elle n'est rien», disait Helen Keller, cette enfant sourde, muette et aveugle qui, une fois adulte, voyagea dans le monde entier pour y faire de multiples conférences. Elle avait osé envers et contre tout…

Il nous est si difficile de quitter notre zone de confort; d'aborder l'inconnu. Cette part nouvelle de vie que nous ne pouvons ni contrôler ni programmer puisque tout y est au contraire à inventer. Mais comme je l'ai moi-même découvert un jour, tout changement n'est pas une catastrophe. Et pourtant nous semblons bien souvent l'oublier. Sans prise de risque, sans cette libération du poids du regard porté sur soi, combien d'avancées dans bien des domaines n'auraient jamais eu lieu. Combien d'inventeurs, de créateurs, de scientifiques n'auraient jamais fait leurs découvertes ou donné le jour à leurs œuvres. Car ils furent bien nombreux à passer pour des illuminés, des fous, des utopistes ou de doux rêveurs, ces «fabricateurs de beauté […], doreurs d'idéal[1]». Ils ont pourtant suivi coûte que coûte le cap de leurs convictions, contre vents et marées, contre critiques et regards méprisants. Sans ce saut dans l'inconnu en faisant fi de la désapprobation, de l'incompréhension et des jugements de toutes sortes, Einstein, Colomb, Newton, Pasteur, Galilée et combien d'autres ne nous auraient pas offert toutes leurs magnifiques découvertes.

Le besoin de reconnaissance ne pesait sans doute pour eux pas bien lourd dans la balance. Ils ont osé partir à l'aventure et quitter leur zone de confort, s'affirmer face à ceux qui tentaient de les décourager. Ils ont été capables de sortir du rang, de faire un pas de côté pour s'aventurer sur des chemins certes incertains, mais les leurs.

---

1. Éric-Emmanuel Schmitt, *L'Évangile selon Pilate*, Albin Michel, 2013.

Avec conviction et détermination. «Cent pour cent des gagnants ont tenté leur chance», dit-on!

Il n'existe dans la vie nul domaine où le risque n'existe pas. Ne serait-ce qu'au sein même des relations humaines. Les vraies. Les plus profondes comme l'amitié ou l'amour, où le risque du lien, justement de par cette réelle authenticité qui les fonde, les rend plus que jamais présentes. «Il n'y a pas de vraie relation tant que l'on ne prend pas le risque de la perdre», nous disait Charles Devonshire, qui fut le collaborateur de Carl Rogers et l'un de ses très proches amis et envers lequel va ma profonde gratitude pour tout ce que j'ai reçu de lui durant ma formation de psychothérapeute.

## Nous perdre de vue

Que nous arrive-t-il quand nous perdons le regard que nous portons sur nous-même? Que nous finissons, au fil des années, par perdre de vue la personne que nous sommes véritablement dans toute cette confusion entraînée par le doute qui a fini par nous submerger. Alors, la dépendance s'installe et nous avons l'impression de n'être plus rien. «Ne me quitte pas», chantait Jacques Brel: «Laisse-moi devenir l'ombre de ton ombre / L'ombre de ta main / L'ombre de ton chien.»

C'est aussi le doute qui nous fait nous lancer à corps perdu dans la quête, la recherche incessante de réponses, de solutions ou de recettes extérieures. Nous nous faisons si peu confiance, nous écoutons si peu et depuis si longtemps notre petite voix que nous avons fini par oublier qu'elle était pourtant là, bien au fond de nous, et par nous persuader que toute solution devait inévitablement venir du dehors.

Mathis commençait à désespérer de trouver le «bon thérapeute» et parvint à m'exprimer sa grande lassitude : «Je suis si mal. Je ne sais plus où trouver la solution, quelle porte ouvrir. Il y a sans doute des réponses quelque part, mais à chaque fois que je rencontre des thérapeutes je ressors désespéré. Je sais bien que j'attends trop de réponses toutes faites, de bons conseils. Sans doute que je ne me fais pas assez confiance pour en trouver en moi une partie. Du coup je papillonne, de démarche en démarche, sans cesse à la poursuite de la solution miracle. Je sais bien que c'est mon manque de confiance en moi qui est au centre. Car j'ai la sensation que dès ma naissance, on m'a demandé de faire de véritables sauts périlleux, et de faire toujours, toujours mieux.»

Je me souviens que c'est justement cette douloureuse prise de conscience qui permit à Mathis de trouver et de découvrir peu à peu toutes les ressources qu'il possédait, ainsi que les réponses qu'il cherchait. Mais à l'intérieur de lui. Et cela, au début de nos échanges, il ne le soupçonnait pas…

## La douloureuse difficulté de choisir

> *«Le courage croît en osant et la peur en hésitant»*
> *(proverbe romain).*

Nous sommes sans cesse contraints d'effectuer des choix. Quand le moment arrive et que des carrefours délicats se présentent au cours de notre existence, ils se révèlent parfois très lourds et source d'immenses souffrances. Pourtant nous avons tous la possibilité d'agir selon les opportunités qui s'offrent à nous. Mais lorsque nous sommes pris dans les filets de l'incertitude nous ne voyons plus rien, l'angoisse prend toute la place et nous rend aveugles. C'est elle qui, lorsque nous avons été habitués à nous considérer comme peu de chose, faible ou juste bon à être dévalorisés, nous saisit et nous paralyse.

On dit de certains qu'ils ont de la chance. Mais il est bien rare que le tracé de notre vie soit le résultat d'une simple loterie ou d'un lancer de dés hasardeux dont nous ne serions aucunement responsables. La chance, ça s'attire et ça se cultive aussi. Et justement en prenant le risque de faire certains choix pas forcément confortables, comme si nous nous jetions à l'eau. Comme le dit le Dr Wiseman, psychiatre, «La chance a peu à voir avec le hasard ou une coïncidence. Les personnes chanceuses agissent sur les possibilités que la vie leur offre…». Mais comment s'y prendre quand personne ne nous a jamais montré le chemin ni l'exemple? Quand personne ne nous a dit: «Courage, tu vas y arriver! Tu en es tellement capable! Tu es quelqu'un de bien tu sais!»

## Ne pas savoir dire non

Il y a quelques dizaines d'années, en 1960, le psychologue américain Stanley Milgram a cherché à comprendre ce qui avait conduit certaines personnes à obéir à des ordres cruels et inhumains envers leurs semblables, et notamment au sein des camps de concentration. Il a ainsi mené une expérience devenue célèbre afin de déterminer les motifs qui pouvaient nous pousser, dans des situations plus qu'extrêmes, à agir non pas en fonction de nos valeurs profondes mais en nous soumettant à une autorité et à des ordres donnés. Comme ce fut le cas de certains nazis allemands durant la guerre. Si au départ ces hommes étaient la plupart du temps de simples bureaucrates, bons pères de famille et époux irréprochables, ils avaient pourtant par la suite fait preuve d'une incroyable docilité et d'une extrême passivité face aux ordres abominables donnés.

## L'expérience de Milgram

Pour son expérience conduite sur 1 000 personnes, Milgram et son équipe recrutèrent des étudiants en les invitant à participer à une expérience sur la mémoire et l'apprentissage. Leur ayant expliqué que la punition exerçait une influence très positive sur les mécanismes de l'apprentissage, les expérimentateurs leur demandèrent d'infliger à des personnes, les « élèves », des décharges électriques de plus en plus puissantes chaque fois qu'ils formuleraient des réponses erronées aux questions posées. Ces élèves étaient en réalité les complices des expérimentateurs jouant le rôle de fausses victimes et recevant en réalité de fausses décharges. Ils étaient attachés par des sangles et devaient faire entendre des réactions de douleur de plus en plus intenses et poignantes en fonction de l'intensité des chocs reçus. Malgré les plaintes, les supplications, jusqu'à des évanouissements simulés, les élèves, dans leur très grande majorité et malgré leur propre réprobation, continuèrent à administrer les décharges. Seuls 25 % d'entre eux refusèrent de continuer.

Ce si faible pourcentage de personnes, à l'inverse de la grande majorité, avait choisi d'obéir à leurs convictions profondes, à leurs valeurs fondamentales envers et contre tout. Ils avaient dépassé le jugement de celui qui donnait les ordres, au-delà du conformisme et de l'« esprit de corps » qui nous conduit à exécuter la volonté d'une puissance extérieure. Ils avaient gardé ce que le philosophe Michel Terestchenko, dans un magnifique ouvrage, appelle cette « présence à soi[1] ». Celle qui nous permet, en dépit de la peur d'être rejetés, mis

---

1. Michel Terestchenko, *Un si fragile vernis d'humanité. Banalité du mal, banalité du bien*, La Découverte, 2005.

au ban ou exclus, d'avoir le courage d'affronter le mépris des autres et de préserver cette fidélité à soi, cet accomplissement de soi, pour ne pas tomber dans la non-résistance à l'oppression. Cette présence à soi qui intervient aussi chez ceux qui portent secours et assistance à ceux qui sont en danger. Là encore de nombreuses expériences montrent combien la grande majorité des personnes n'ose pas se démarquer des autres et «sortir du rang», restant passives et laissant les événements se dérouler sous leurs yeux.

## La peur d'être soi

Ceux qui se sont démarqués ont exprimé l'avoir fait pour rester pleinement ce qu'ils étaient et non être ce que les autres attendaient ou exigeaient qu'ils soient, quitte à passer aux yeux de certains pour des «lâches». Leur «ossature morale» les rendait capables de faire des choix non dictés par les normes sans attendre une quelconque approbation de la part des autres. Ce type de personnes ont elles aussi toujours existé, même dans les conditions dramatiques de la guerre. Ce sont par exemple celles que l'on nomma les «justes», qui malgré les risques choisirent de cacher des Juifs ou de devenir résistants. Celles qui ont fait le choix de garder leur liberté au prix de leur vie. Et elles furent nombreuses à dire non. À suivre *leur* route jusqu'au bout.

Au-delà de ce contexte côtoyant l'horreur, c'est dans la vie de tous les jours que nous avons à affronter ces mêmes peurs face à ceux dont nous recevons des ordres. C'est toujours cette passivité qui nous anime par crainte d'être mis de côté, rejetés, inconsidérés, non aimés. Pourtant, pour la plupart d'entre nous, entre 2 et 5 ans il ne nous était pas difficile de dire non. Ce mot incontournable, mais épuisant pour certains parents, nous était nécessaire pour grandir et aborder le sens des limites, les règles et les lois. La toute-puissance dans laquelle nous nous trouvions nous donnait la sensation de posséder un plein pouvoir sur l'univers et sur les autres. Le monde nous appartenait et nous désirions en devenir le maître absolu. Alors nous refusions et parfois de manière systématique tout ordre donné, toute frustration face à nos désirs les plus ardents : porter un short en plein hiver, refaire encore et encore un tour de manège, refuser d'aller se coucher ou de manger ce qui était prévu au repas, etc. Le quotidien nous offrait ainsi à chaque seconde l'envie de contrecarrer la réalité. Prendre le contre-pied faisait pleinement partie de cette période de notre vie.

Cette sorte de « première adolescence », cette période de plein défi qui nous habitait, nous avons commencé à la ressentir quand, avec l'acquisition de la marche, nous avons fait la découverte de la liberté et de l'aventure. Nous essayions alors de faire éclater notre énergie dans sa pleine force. À nos parents, à notre entourage d'avoir pu doser ou non entre trop de rigidité et trop de fermeté face à cette énergie. À eux d'avoir su poser le cadre adéquat devant nos éventuels débordements en évitant tout abus de pouvoir ou toute forme d'autoritarisme. Car si nous avons rencontré trop d'interdits, se hasarder à dire ce fameux non a pu devenir pour nous une véritable source de danger, une limite impossible à dépasser, même une fois adulte. Cela nous est alors devenu un véritable risque trop difficile à prendre dans la moindre circonstance. Et c'est ainsi que nous sommes entrés dans le moule fabriqué par les adultes : ne pas désobéir, ne pas s'opposer, entrer dans un costume étriqué.

« Quand j'étais petite on avait peu de place chez nous. Maman travaillait à domicile, elle était couturière. Les essayages avaient lieu dans la cuisine et je devais rester sans faire de bruit. Même pour aller aux toilettes. Quand je disais spontanément "Je veux faire pipi", à 2 ou 3 ans, je me faisais gronder, on m'ordonnait de baisser la voix, maman se fâchait après moi. Et puis je me souviens aussi que je n'avais pas le droit de toucher aux objets car la maison était un peu comme un musée. Maintenant que j'ai des enfants, je réalise que rien n'était conçu dans l'aménagement des bibelots pour un enfant s'aventurant tout naturellement avec ses mains pour aller à la découverte du monde. J'ai appris ainsi à ne pas dire non, à ne pas me positionner, car c'était trop dangereux. J'ai mis longtemps à y parvenir avec mon mari, mes enfants et mes propres parents. Il a fallu un long chemin... »

Et puis lorsque nous avons vécu enfant des disputes et des conflits récurrents, il peut nous être difficile de faire la part des choses entre le juste affrontement pour obtenir une place appropriée et la violence des heurts que nous avons hélas expérimentée. Si difficile de ne pas attribuer à tout « conflit » cette seconde couleur si brutale. Comme l'a vécu, enfant, Ludovic.

« J'ai baigné depuis ma prime enfance dans une atmosphère faite de hurlements et de disputes qui tournaient même aux coups parfois de la part de mon père sur ma mère quand il avait un peu trop bu. Alors, depuis, j'ai beaucoup de mal à élever la voix, même simplement pour me faire entendre dans ce que je juge comme juste pour moi. Ou dans une conversation où je ne suis pas forcément d'accord. Me reviennent alors des souvenirs de scènes épouvantables de mes parents qui hurlaient avec une extrême violence. Les insultes en tout genre, les objets cassés... Tout cela était pour moi monnaie courante... Depuis, même si j'ai progressé, il m'est pénible de gronder mes enfants; j'ai l'impression d'être comme mon père. Pourtant je crois que finalement, à force d'éviter de lui ressembler, je suis tombé dans l'excès inverse. Mais je sais que les mots "conflits" et "violence" se mélangent en moi et j'ai beaucoup de mal à les différencier. »

## La relation de couple, véritable symbole de la relation à l'autre

S'affirmer suffisamment pour dire stop implique de mettre en avant notre capacité à refuser, cela à condition que notre contexte d'enfant ait pu nous l'enseigner. Ou qu'un jour une prise de conscience nous évite de répéter les mêmes erreurs que nos parents ou, comme Ludovic, de basculer dans l'autre extrême. Cela nous est toujours possible; à tout âge… J'en ai eu si souvent la confirmation. Mais la première condition pour parvenir à se positionner, pour inspirer le respect, c'est de se porter respect à soi-même. Comme Mathilde qui, après vingt-cinq ans de mariage avec un homme « froid et méprisant », réalisa combien durant toutes ces années elle avait répété la relation qu'elle avait connue avec sa mère : « Mon frère, jeune papa, venait de faire une tentative de suicide. Mon mari a eu cette réflexion : "Décidément, son égocentrisme n'a aucune limite !" Ce fut la goutte d'eau, après tant d'années de ces réactions si violentes, qui m'a permis de trouver le courage de divorcer. »

Car c'est bien la relation de couple qui, tel un parcours initiatique, symbolise pleinement la relation à l'autre. Nous vivons à deux côte à côte, semblables parfois à deux cultures ou deux civilisations différentes, avec notre propre histoire mais aussi tout simplement avec notre statut d'homme et de femme si distinct. C'est en ce sens que la relation de couple représente le creuset d'apprentissage du lien avec notre semblable, l'enseignement de la place réelle que chacun occupe. Cette place occupée par chacun qui pour parvenir à la maintenir, voire à la trouver au fil du temps, nous demande bien souvent une extrême vigilance. Car la juste distance est bien délicate à atteindre. Un peu comme «fuis-moi je te suis, suis-moi je te fuis»…

Pour être aimé, nous avons souvent cette tendance presque instinctive à nous calquer sur l'autre, sur ses désirs, sur ses penchants; à nous noyer dans son regard. Et bien souvent, dans cet amour-là, nous sommes en réalité à la recherche de nous-même. Nous choisissons un être pour réparer nos anciennes blessures et nos peurs. Un «amour en creux[1]» pour combler nos manques, et un amour qui dit «Si tu m'aimes j'existe» et qui devient la source unique de notre épanouissement, une sorte de support, de béquille ou de baume. Un tel amour est bien éloigné de cet «amour en plein» qui apporte bien au contraire un élargissement de tout notre être. Que d'illusions il nous faudra alors perdre pour comprendre que l'être aimé n'est pas tout cela; que la relation ne peut sainement se construire ainsi. Nous devrons alors quitter cette période où nous idéalisons l'autre, ce qui pourra représenter pour nous une tâche très ardue.

Alors pour changer de regard sur nous-mêmes, sur l'autre, une «crise» peut nous être parfois bénéfique. C'est grâce à elle que, bien souvent, notre individuation débute et que nous commençons à porter sur nous un regard plus juste. Chacun essaie alors de se

---

1. Paule Salomon, *La Brûlante lumière de l'amour*, Albin Michel, 1997.

retrouver lui-même, loin de l'époque où, immergés dans le regard de l'être aimé, nous ne savions plus qui nous étions, et qui l'autre était réellement. Cette « crise » prend sans doute tout son sens dans ce repositionnement mutuel. Cette capacité à dire non malgré la peur de perdre. C'est là que réside la première ébauche de différenciation. Celle qui nous enseigne sans cesse que l'autre n'est pas moi. Qu'il soit d'une autre origine, d'une autre religion, d'une opinion politique différente.

Mais nous pouvons aussi tomber dans le piège de la confusion entre « savoir dire non » de manière ajustée pour se positionner et atteindre la sérénité, et un rapport de force et de pouvoir qui nous pousse à vouloir toujours avoir raison, quel que soit le sujet débattu. Mais alors comment être à l'écoute de celui qui nous fait face dans de telles conditions ?

« Je crois que je viens de prendre conscience de ce qui entravait ma communication avec mon compagnon. Nous possédons tous les deux un fort tempérament et nous n'aimons ni l'un ni l'autre que l'on nous marche sur les pieds. Pendant des années nous avons vécu dans un véritable rapport de force où chacun voulait avoir le dessus sur l'autre. Le ton montait de plus en plus et je finissais dans cette partie de ping-pong par perdre de vue l'origine de nos disputes. Les mots devenaient violents et la communication se trouvait bien sûr complètement bloquée.

Par peur de le perdre j'en suis arrivée à dire oui à tout, je suis tombée dans l'excès contraire. C'est devenu tout aussi infernal. Car il est devenu de plus en plus directif et moi soumise. Les rôles étaient distribués sous ce nouveau mode. Nous ne pouvions plus échanger sans que cela tourne mal.

> Je crois en fin de compte que pendant longtemps, et avant d'entrer dans la soumission, j'ai confondu mon besoin de dire non quand je n'étais pas d'accord avec celui d'avoir toujours raison… Car finalement je me rends bien compte que parfois c'était lui qui avait raison, mais j'avais pris l'habitude de prendre le contre-pied. J'ai beaucoup changé, et maintenant quand je sens la situation arriver je lui exprime simplement mon désir de trouver une solution avec lui et ça change beaucoup de choses. »

Douter, ne pas oser, hésiter devant tout choix, se conformer au regard de l'autre, tout comme se plier à l'autorité, suivre la parole dominante, obéir systématiquement aux ordres donnés, ne pas faire de vagues, c'est tous les jours que cela peut arriver à chacun d'entre nous. Et comme toujours c'est l'image que l'on craint de donner de soi qui en est à l'origine. J'ai du reste la joie de rencontrer de nombreuses personnes de tous âges qui parviennent, une fois le chemin de la confiance en soi retrouvé, à ouvrir mille portes et à ne plus rester sous la coupe des regards qui les blessent. Ce qui me confirme que cela est toujours possible…

« Comment réapprendre à me faire confiance ? me demanda un jour une jeune fille de 25 ans. Comment réapprendre à m'aimer et à m'estimer, moi qui n'ai jamais su ? » Je lui répondis, comme il m'arrive de le faire si souvent : « Vous savez, il suffit parfois de si peu… Comme un réapprivoisement, un réapprentissage à découvrir doucement, tout doucement dans votre vie de tous les jours, celle que vous êtes. Retrouver un regard de gentillesse pour la personne que vous êtes, qui a peut-être souri dans la rue à quelqu'un, qui a laissé sa place à une personne beaucoup moins chargée qu'elle à la caisse, qui a fait un gâteau que son compagnon ou son petit garçon a aimé… Il y a tant de menus faits et gestes qui nous permettent de nous aimer pour ce que nous avons offert à un autre… Retrouvez ce regard neuf envers vous. Et vous verrez… »

## Se verrouiller, se renfermer : quand la peur de l'autre nous habite

*« La souffrance majeure de l'être humain, c'est de ne pas communiquer avec les autres »*
*(Françoise Dolto).*

Certains d'entre nous possèdent un côté introverti qui comporte nombre de qualités. C'est grâce à lui qu'il nous est permis de vivre notre grande sensibilité, notre créativité féconde, et d'établir des liens authentiques. Nous avons tous besoin d'une sorte de bulle protectrice qui enveloppe notre intimité. Même si cette bulle varie selon le type de lien, qu'il s'agisse de notre conjoint, de nos enfants ou d'une personne étrangère, elle nous est toujours nécessaire pour garder intacte cette part si intime de nous. Mais cette bulle peut aussi parfois être la source d'une grande souffrance et d'un senti-ment de profonde différence. Quand nous nous replions avec excès sur nous-mêmes, quand pour nous protéger nous nous refermons trop sur nous-mêmes, nous ne pouvons plus trouver le bonheur et la paix intérieure. Nous finissons par étouffer, notre bulle devient une prison que nous nous sommes nous-mêmes bâtie. C'est ce que vivent malheureusement et de manière extrême et fort douloureuse ces êtres touchés d'autisme barricadés dans leur univers. Souffrir est déjà si difficile qu'être seul sans aucune écoute, aucun partage, dans une profonde solitude, rend la douleur encore plus insoutenable.

Dans ce repli face aux regards des autres, cette fuite du contact plus ou moins profonde, nous devons là encore voir la trace de nos peurs. Pourtant, certaines d'entre elles sont précieuses, car elles sont là pour nous permettre d'éviter un danger, pour nous préserver et nous sauver même. Mais une fois l'obstacle ou le danger écartés, ces peurs disparaissent comme elles étaient venues. Comme le disait Jean-Paul Sartre, « Tous les hommes ont peur. Celui qui n'a pas peur n'est pas normal[1] ». Mais faire le choix de se verrouiller, de se fermer aux autres, ne peut entraîner que des souffrances. Car ces peurs-là sont perfides et altèrent au contraire notre liberté et notre sérénité.

Alors que tout petit c'est la solitude qui nous effraie et la présence des autres qui nous apaise, c'est tout le contraire qui peut advenir en nous une fois devenus adultes… Timidité, inhibition, évitement des autres, trop grande sensibilité à la rencontre, tout devient source d'angoisse quand un tête-à-tête doit avoir lieu… Marine en a découvert la signification au cours des mois qui lui ont permis de se trouver. Et je crois qu'en osant rencontrer l'étrangère que j'étais, elle que tout nouveau contact terrifiait, elle avait sans doute parcouru la moitié du chemin.

« Maman me disait que déjà toute petite je me cachais sous la table quand quelqu'un venait à la maison. Tout comme j'étais incapable de dormir chez une copine comme le faisaient toutes les autres. Elle m'a tant protégée et mise en garde dans tout ce que j'entreprenais : faire attention de ne pas me brûler, ne pas sortir dehors car tout était dangereux, etc. Et puis se méfier des autres ; ça je l'ai toujours entendu. Alors les autres me faisaient peur et je me suis repliée. Que ce soit les hommes ou les femmes du reste. À mon

---

1. Jean-Paul Sartre, *Les chemins de la liberté – le sursis*, Gallimard, 1976.

travail je ne parle à personne. De toute façon peu de collègues viennent bavarder avec moi. Je me sens si seule... Pourtant je sens bien que quelque chose bouge en moi. Rien que dans mon physique : je me redresse beaucoup plus. Et je commence à m'ouvrir même si c'est si peu. Je crois que le regard des autres me devient moins terrifiant. »

J'ai croisé certains êtres en proie à une panique sans nom dès qu'il s'agissait de se retrouver dans une situation où un éventuel regard risquait de se poser sur eux : peur d'aller à un repas, à une soirée, de se trouver au milieu de plus de deux personnes. Ces quelques mots l'imagent tant : « Même dans le métro je ne peux pas croiser le regard des gens et je dois lire un livre ou un journal pour garder les yeux baissés. Je voudrais tant devenir transparent dans ces moments-là. Et puis j'ai l'angoisse de rougir chaque fois que je dois prendre la parole ; ou que l'on s'aperçoive que je transpire. Ça peut arriver n'importe où, dans n'importe quelle condition. J'ai si peur que l'on le voit. » Pourtant face à cette peur, il nous arrive de donner le change : de l'extérieur, rien ne semble nous différencier des autres. Et pourtant, même si au dehors tout semble lisse, les moqueries, les coups durs de la vie à répétition, les rencontres et les regards blessants nous ont brisés de l'intérieur. C'est ainsi qu'un jour on décide de tout verrouiller. Cela fait si mal.

J'ai fait la connaissance de Gabriel qui a pu, tel un oiseau qui ose enfin sortir de sa coquille, tout doucement s'ouvrir et sortir de sa prison intérieure. Ce fut un long chemin accompagné d'une pleine patience pour y parvenir.

« J'ai l'impression que depuis ma plus tendre enfance tout a été fait pour me briser. Que les événements de ma vie, mes rencontres se sont accumulés pour faire de moi une victime sur laquelle on pouvait s'acharner comme sur une pauvre bête blessée sans défense. Alors j'ai tout fermé en moi. Je me suis recroquevillé dans un coin de moi pendant que les coups continuaient de pleuvoir. Déjà ma mère n'a jamais su avoir à mon égard un regard de tendresse. Aucune émotion, aucun geste non plus. C'est ainsi que j'ai commencé à brider toutes mes émotions ; à tout garder pour moi. Et puis il y a eu mon divorce. Et mon remariage avec une femme qui a continué la besogne de sape. Incapable d'exprimer quoi que ce soit je me suis laissé maltraiter. La drogue était mon seul refuge ; ma seule amie. J'avais un tel vide en moi. Je ressentais un tel enfermement. Mais c'était le seul moyen de survivre devant la sécheresse émotionnelle de ceux qui m'entouraient. Moi aussi j'en suis arrivé à ne plus exprimer aucun sentiment. J'étais comme en prison. Je m'étais anesthésié pour ne plus souffrir sous les coups. Je ne ressentais plus rien. »

La force de Gabriel, celle qui l'a aidé à dépasser ses blessures, c'est cette capacité qu'il possédait de mettre en mots ses ressentis les plus profonds. Mais nous n'y parvenons pas toujours. Car parfois nous avons tellement gelé, paralysé notre monde intime pour nous protéger que nous avons fini par perdre de vue, à force de les taire, tout cet univers de ressentis et d'émotions. Avec le temps nous sommes alors devenus incapables de communiquer le moindre de nos sentiments à autrui. Trop de choses, trop d'événements nous ont fait souffrir. Et ce depuis l'enfance. Ainsi, tout reste à la surface. Rien ne transparaît de notre univers intérieur. On dirait qu'à force d'avoir été malmenés par la vie, par le regard des autres, nous nous sommes coupés de notre part essentielle, comme devenus inertes au-dedans de nous, un peu comme en dehors de la vie. Dans une sorte d'indifférence au monde.

## Quand l'échec à répétition nous anime, ou la position de victime

L'un des enseignements que tous ceux qui sont en quête d'eux-mêmes retiennent, c'est la grâce que portent nos erreurs et nos échecs. C'est bien à travers les vertus qu'ils possèdent qu'il nous est permis de grandir et de nous étirer toujours et toujours davantage vers le haut. C'est en eux que réside la grâce de l'humilité. N'avons-nous pas appris ainsi à marcher, ou à enlever les petites roues de notre vélo, en tombant d'abord avant de nous relever pour progresser, et ainsi de suite dans tous les nouveaux caps que la vie nous a présentés ?

Mais nous pouvons aussi tomber dans leurs pièges et en devenir prisonniers. C'est ce qui se passe quand nous avons fini par nous conformer à un regard négatif porté sur nous ou que nous nous sommes peu à peu laissé engluer dans un rôle que l'on nous a assigné. Alors nous en arrivons à nous mettre constamment et de manière systématique dans des situations qui, à chaque fois, ne font que nous le confirmer. Nous sommes entrés dans la peau du personnage qui ne peut qu'échouer et ne cessons de nous saborder, de faire en sorte que «tout rate» pour correspondre au bout du compte à l'image de celui qui ne vaut rien. Et comme cela fait souffrir…

Armelle sonna un jour à ma porte. Quand je lui ouvris, je vis devant moi une jeune femme qui semblait ne plus avoir d'âge tant la tristesse envahissait tout son visage. Non pas le désespoir mais une si profonde lassitude que l'on ne pouvait voir qu'elle au premier regard. Au tout début de nos entretiens et malgré cette force intérieure qui l'habitait, celle que possède toute personne qui a le courage de choisir la rencontre thérapeutique, ses mots se bousculaient tant ses larmes prenaient toute la place et emportaient tout sur leur passage. Puis, peu à peu, le calme intérieur ayant cédé la place à la tempête, elle put raconter.

«J'ai été élevée par un père violent, dont toutes les attitudes étaient là pour me faire savoir que je n'étais qu'une bonne à rien. J'en ai reçu des volées. Par la suite j'ai rencontré mon premier petit copain, puis celui qui est devenu mon mari. Ils avaient les mêmes attitudes, le même plaisir de me rabaisser. Et peu à peu j'ai subi les mêmes sévices et je me suis fait piéger par le phénomène de répétition... Je me suis toujours dit que si l'on ne m'aimait pas, c'était parce que je n'étais pas aimable. C'était devenu une évidence pour moi. Ça expliquait tout, je ne pouvais qu'être une bonne à rien. Dans mon travail je ne faisais que rater tout ce que j'entreprenais. En amitié j'ai sabordé de belles relations justement parce que je pensais je ne les méritais pas. En fait c'est comme si j'avais une petite voix en moi qui me disait de faire le contraire de ce qui était bon et juste pour moi. Et plus je choisissais ces situations d'échec plus je me mésestimais, et pour me le confirmer je continuais dans le même sens. Ça je n'en peux plus. Je suis épuisée car je vais à contre-courant de moi-même. Je crois que finalement j'ai toujours eu peur du bonheur. À chaque fois que je m'en suis approchée dans une relation amoureuse, j'ai rompu. Ça me paniquait car je pensais que je n'y avais pas droit.»

Armelle, après ses différentes prises de conscience et son cheminement, put se révéler à elle-même. Un beau jour, juste après s'être assise, je l'entendis me dire : « Ça y est, je crois que j'ai trouvé tout au fond de moi le sursaut pour préserver ma vie et ne plus la mettre uniquement sous le joug de l'échec. Je suis sortie de ma peur, celle qui depuis toujours m'a emprisonnée dans le rôle de victime. Je deviens enfin la maîtresse de ma vie. Je ne cherche plus à combattre mes angoisses, je les apprivoise et je vois maintenant la lumière qui pointe au loin. Je ne me regarde tout simplement plus avec les mêmes yeux qu'autrefois… Et surtout j'ai envie d'être heureuse, de m'en donner le droit. »

Armelle parvint aussi à mettre en lumière ce qui l'avait amenée à tant de soumission. Elle réalisa combien elle s'était laissé embourber dans des attitudes d'échec qui avaient coupé les ailes de sa joie de vivre et éteint la lumière qui l'habitait, et en laquelle elle n'avait jamais cru durant de longues années. Et le regard qu'elle porta sur elle en fut profondément boulversé.

Pour Francis, c'est le «choix» de l'alcool qui trouva lui aussi son origine dans un profond sentiment d'échec. Il avait pris cette voie pour se saborder, pour s'abîmer, pour se confirmer qu'il était un «moins que rien». Pour exorciser aussi l'insupportable sentiment de honte qui le submergeait: «Je voudrais être sous terre. Je voudrais ne pas être là tant j'ai honte. »

La honte fait elle aussi partie des sentiments qui nous sont nécessaires, tout comme la peur. Elle est là pour nous indiquer les limites à ne pas dépasser et nous amener à la saine culpabilité face aux interdits non respectés. Mais c'est elle aussi qui nous renvoie au sentiment d'humiliation et de résignation qui au lieu de nous élever peut au contraire nous mettre au plus bas dans un mépris de nous des plus douloureux. Francis lui aussi mit en mots l'engrenage par lequel il s'était fait piéger: «C'est pour vaincre ma peur de l'autre que je me suis mis à boire, car j'avais l'impression de noyer ma honte dans l'alcool. Mais cette honte que je voulais fuir devenait la honte de boire. Alors j'eus honte d'être devenu un alcoolique. Un véritable cycle infernal. L'alcool qui devait me préserver de la honte n'a fait que l'amplifier. Il a provoqué le rejet dont j'avais si peur. Je réalise combien je souhaitais en fin de compte que l'on me perçoive comme quelqu'un de haïssable, tout ça pour vérifier que l'on m'aimait… Comme une sorte de test. »

Tomber dans cette position de victime peut aller parfois beaucoup plus loin quand on en arrive à se sentir persécuté et à tomber dans ce que l'on appelle la paranoïa. Il ne s'agit plus de simples interprétations erronées comme cela peut nous arriver à tous. Quelqu'un qui nous fixe et face auquel on se remet en question, et qui tout simplement était perdu dans ses pensées, un autre qui ne nous salue pas et qui tout simplement lui aussi était ailleurs… Mais bien alors d'une déformation de la réalité d'un registre beaucoup plus particulier.

C'est aussi sous le joug et le regard de la société, et certains de ses impératifs que nous pouvons devenir soumis. Sous son regard écrasant et normatif nous pouvons là encore nous laisser assujettir. Et cela ne nous aide pas à dépasser le regard de mésestime que nous portons sur nous si nous avons déjà tendance à nous identifier au plus faible, au « moins que rien ». Regardons autour de nous la précipitation ambiante : nous n'avons plus le temps de rien tant la pression est à son maximum. Qu'est devenu notre tempo intérieur naturel ? Notre rythme authentique, celui de notre horloge biologique ? Bien sûr la vie quotidienne nous impose diverses contraintes, et nous avons malheureusement rarement la sagesse de faire le tri entre celles qui sont incontournables et celles sur lesquelles nous pourrions faire l'impasse. Oubliant tout simplement de lever juste pendant un court instant les yeux pour regarder le ciel et apercevoir les nuages évoluer dans leur royale lenteur. Juste un instant pour reprendre notre souffle.

# S'identifier au plus fort : le mépris de l'autre

*« La vérité est un miroir tombé de la main de Dieu et qui s'est brisé.
Chacun en ramasse un fragment et dit que toute la vérité s'y trouve »*
*(Rûmî).*

Quand les jugements extérieurs nous ont accablés et nous ont fait mal, nous pouvons pour « réparer », pour essayer de panser nos plaies, choisir le clan « des plus forts ». Malheureusement c'est cet esprit de revanche qui nous conduit à répéter ce qui justement nous a fait souffrir et nous amène à notre tour à dévaloriser et à porter un regard plein d'orgueil et de mépris sur nos semblables, à les humilier en les regardant de haut, depuis l'intérieur de la froide carapace que nous nous sommes forgée. Ou tout simplement à souhaiter les « dépasser » dans une sorte de rapport de pouvoir, avec le sentiment d'être le seul à détenir la vérité. En tout cas nous sommes chaque fois bien loin du don, de l'attention empathique et de l'ouverture à l'autre.

Tous les moyens sont alors bons pour nous convaincre de notre valeur (quand elle aussi a malheureusement été un sujet de honte), pour la révéler coûte que coûte, notamment ceux qui avilissent l'autre afin de pouvoir tenir le haut du pavé. C'est alors la révolte, l'envie de revanche sur ce que l'on a vécu et que l'on souhaite à présent faire vivre aux autres pour «leur montrer ce que c'est...» qui surgissent en nous. C'est l'image victorieuse de soi que l'on veut mettre en avant, avec plus ou moins d'arrogance, mais toujours au détriment de ceux qui en sont les victimes. Cette course effrénée à la reconnaissance que l'on n'a pas eue jusque-là peut nous conduire à une forme d'addiction à la réussite sociale, aux décorations extérieures, symboliques ou réelles. Stratégies, calculs, culte de l'argent, tout est bon pour obtenir à tout prix la première place.

## Le goût du pouvoir et la rage de vaincre

«Quand j'étais petite combien de fois ai-je eu la sensation de ne pas être écoutée, de compter vraiment pour du beurre et de faire partie des meubles. La seule façon de me faire entendre c'était de laisser exploser ma colère. Elle partait alors dans tous les sens. Bien sûr cela engendrait des punitions, le vrai cycle infernal quoi ! Plus tard ma colère s'est transformée peu à peu en rage. La rage de me faire voir, entendre, d'être reconnue... J'ai alors voulu ressembler aux enfants riches et à ces adultes que l'on vénérait pour leur statut social. J'y suis arrivée au prix d'une énergie considérable. J'ai fait du mal; j'en ai conscience. J'ai tout simplement répété ce que l'on m'avait fait subir. Mais je sens que je vais perdre mon mari, qui n'en peut plus; et je suis détestée à mon travail.»

Ces mots-là c'est à la suite d'une profonde dépression que Candice a pu les poser car cette carapace fabriquée par la rage pour survivre ne lui était plus supportable.

Tout comme Candice, les personnes comme celles que l'on surnomme les «hommes de pouvoir» ont pu un jour, au cours de leur accompagnement dans leur quête de vérité, ouvrir les portes qui leur permirent enfin de sortir de ces rôles emprisonnants. Non pas en changeant leur histoire bien sûr, mais en transformant le rapport qu'ils avaient eu jusque-là avec elle. Ils purent mettre des mots sur la honte qu'ils avaient pu ressentir étant enfant et quitter la hargne vengeresse qui les avait éloignés de leur être profond. Car cette rage, plus qu'un remède, n'était qu'un poison qui alimentait leur souffrance.

C'est notre esprit de compétition et notre volonté d'affrontement perpétuel qui désignent systématiquement un gagnant et un perdant qui se trouvent être à l'origine de nombreux drames historiques et individuels. Mais c'est aussi dans notre vie quotidienne que nous assistons à ces rapports de force qui se donnent l'apparence du dialogue. Comme lorsque deux personnes persuadées d'avoir raison ne cherchent qu'à imposer à l'autre ce qu'elles croient être la vérité. Le ton monte et devient de plus en plus péremptoire, l'irascibilité s'accentue. Chacun tourne dans sa bulle, hermétique aux paroles de celui qui lui fait face. Et si vous intervenez, vous ne ferez que vous heurter à un repli total des deux adversaires. «Ce que tu dis n'a vraiment aucun sens», dira l'un. Ce à quoi l'autre répondra : «Comment peux-tu penser une seconde à une chose pareille mon pauvre...»

Comme nous sommes loin d'un véritable échange : « Tu penses cela, je l'entends, je le respecte… mais je ne suis pas d'accord. »

À travers ce désir d'utiliser l'autre pour se sentir exister, le déposséder de sa véritable place pour s'affirmer, nous retrouvons finalement à la racine de ce goût du pouvoir, tout comme lorsque nous nous soumettons, ce même doute de soi : l'orgueil, cette « honte inversée[1] ». Car ce désir de domination ne peut intervenir que pour permettre à celui qui doute de s'affirmer de manière artificielle. Car lorsque nous nous sentons pleinement à notre juste place en nous-même, nous n'éprouvons alors nullement le besoin de nous évaluer « en plus » ou « en moins » par rapport aux autres. Nous nous acceptons avec nos forces et avec nos faiblesses…

Ainsi, que l'on soit tombé du côté de l'« écrasé » ou de celui qui « écrase », la honte est toujours à l'œuvre : on a honte ou l'on fait honte. La dignité que nous avons perdue ou que l'on veut faire perdre est toujours au rendez-vous. Mais quel que soit le choix effectué entre dominé ou dominant, nous ne sommes plus nous-mêmes.

## La rage de vaincre

Face à l'injustice on peut choisir cette porte de sortie qui prend la place de la résignation humiliante. Avec ce désir d'agir, de passer à l'action et d'entrer en combat pour dépasser ce sentiment et retrouver sa dignité à travers la résistance. Pour dépasser la honte de soi, ou de ses origines, nous pouvons opter pour la revanche et choisir de relever des défis. Et c'est alors cette ambition, véritable

---

1. Vincent de Gaulejac, *Les Sources de la honte*, Desclée de Brouwer, 1996.

«contrepoison[1]», qui peut nous animer. Si nous n'étions que des «moins que rien» nous devenons alors des «plus que tout» jetés dans un combat pour nous affirmer, parfois de manière démesurée. Non pas par véritable goût du pouvoir, celui qui a pour seul but d'écraser l'autre, mais plutôt pour nous surélever nous-mêmes, à hauteur de nos propres yeux, et ainsi nous donner l'assurance et la confiance en nous dont nous avions besoin. Comme une rage de vaincre la fatalité.

Ces défis-là nous poussent vers l'avant et nous font grandir et nous accomplir s'ils ne dépassent pas les limites du raisonnable et ne nous font pas oublier la personne authentique et vraie que nous sommes. Car dans cette quête de soi, nous pouvons aussi nous perdre ; emprunter des voies qui, de tâtonnements en tâtonnements, nous conduisent à nous brûler les ailes, si fort est notre besoin de nous dépasser pour croire en nous et nous offrir un regard de reconnaissance. Que d'artistes à la recherche d'eux-mêmes se sont ainsi retrouvés confrontés à leur besoin de reconnaissance.

J'ai été touchée par le départ si médiatisé du chanteur Johnny Hallyday, au-delà des nombreux souvenirs de mes 15 ans qu'il pouvait représenter. Cette rage de vaincre, c'est bien lui qui, à mes yeux, peut en être un symbole. Ce défi de se relever d'une fatalité, celle d'un début d'existence sans fées qui se sont penchées sur son berceau. Un témoignage lors de son décès m'a tout particulièrement touchée, car tout y était dit en quelques phrases : «Il y a beaucoup de bruit, Johnny… et beaucoup de lumières braquées sur toi… Où cours-tu comme cela… en sueur, les yeux bleus éclatants, comme un fou, essoufflé ?… Et toujours la lumière… Où as-tu couru toute ta vie… derrière le

---

1. *Idem.*

masque Hallyday? Tu cours pour [que la fatalité] ne te rattrape pas… toi qui aura été l'enfant de la honte, le rejeté, le marginal… Allez, vas-y Johnny, ils t'attendent… ils vont t'aimer, pour sûr, tu vas voir comme ils vont t'aimer… Et moi je vais penser à toi et à cette leçon de destinée… Que l'on peut échapper à la fatalité[1]. »

Alors quand on a tout misé pour donner le change, quand tout le reste du quotidien est passé au second plan, quand l'illusion de cette image acquise s'écroule, c'est tout le sens de notre existence qui s'en va avec ce pilier qui la représentait.

C'est ma première rencontre avec Serge. Il a 55 ans. Il est l'ombre de lui-même et ne sait plus s'il a envie de vivre. Pourtant je suis frappée par la force qui l'habite et qui l'a amené à frapper à ma porte. Ses mots me parviennent, entrecoupés d'un flot de larmes.

«Je m'étais toujours juré de ne pas avoir la même vie que mon père: un travail à l'usine, pas reconnu… J'étais sûr de moi, j'avais une très grande ambition qui me donnait l'énergie nécessaire pour vivre. Bien que ma femme m'ait quitté car je passais tout mon temps dans mon entreprise, mon besoin de réussite l'emportait sur tout le reste, c'était comme une sorte d'ivresse. Le regard que portaient les autres sur moi était devenu une sorte de drogue dont j'étais entièrement dépendant.

Et puis ce fut le drame. L'accident de moto de mon fils et sa mort. Alors j'ai basculé. L'enfer. La dépression et le fond du trou. Je ne sais plus vivre. À quoi bon… Plus rien n'a de raison d'être. Je crois que je suis passé à côté de l'essentiel. Si loin du paraître… La vie m'a enlevé le masque que j'ai toujours voulu porter. C'est la mise à nu de tout mon être…»

---

1. Marion Janicot sur Facebook.

Après de nombreux mois, et au-delà de cette épreuve du deuil traversée, Serge retrouva son véritable chemin à travers ce drame que la vie lui avait fait traverser. Il se dirigea vers une tout autre profession, celle d'aide-soignant. Le masque, comme il le disait, avait été arraché au profit d'une humanité plus intense et plus riche.

## Quand le regard brise l'intimité : exhibitionnisme et voyeurisme

Chez certains d'entre nous, le regard peut aussi se trouver véritablement perverti. Il s'agit alors pour eux d'épier, de regarder l'autre à son insu, et d'en éprouver une extrême jouissance. À l'origine, que cela relève du domaine sexuel ou non, celui qui s'y adonne ressent une attirance à observer l'intimité d'une autre personne. Il cherche ainsi à pénétrer du regard ses affects, ses secrets, sa nudité. Il cherche ce qui ne doit pas être vu. À l'inverse il existe aussi une autre tendance, celle où il ne s'agit plus de voir mais «d'être vu». De révéler ses sentiments ou tout ce qui relève de son intimité. Mais que l'on fasse le choix d'être spectateur ou acteur la perversion du regard est la même.

À notre époque où le culte sacré de l'image est si puissant, il semblerait que notre société autorise davantage et plus librement qu'auparavant ce besoin d'être vu et regardé dans son intimité. Tout comme il devient monnaie courante de révéler, voire d'exhiber au grand jour ce qui avant restait caché. De nombreux ouvrages vont dans ce sens où toute une vie peut être mise à découvert dans ses moindres détails.

Mais sans aller si loin et tomber dans ces tendances voyeuristes, nous pouvons avoir tout simplement souffert de la part de notre entourage de conduites qui par leur intrusion insupportable nous ont laissé des traces de profondes blessures. L'intimité, ce jardin secret si précieux, si fondamental, fait pleinement partie de nos besoins et de nos droits. Et sans le respect qui lui est dû, nous pouvons nous sentir comme amputés d'une part essentielle de nous-mêmes.

Il n'est qu'à observer autour de nous tous ces enfants dépossédés de tout espace privé, mis dans l'obligation de se mettre sans cesse à nu, de dévoiler tout d'eux-mêmes. Même si les pères peuvent se livrer à cette sorte d'inquisition, elle est bien souvent l'œuvre des mères qui veulent protéger, garder sous leur coupe leur enfant. « Tu ne peux rien me cacher. Mon petit doigt me dit tout ce que tu penses, tout ce que tu fais… Je te vois partout… », disent-elles à leur tout-petit dès son plus jeune âge, avec ce sous-entendu terrifiant : « Ne me déçois pas ! » Alors tout est mis à découvert. Il faut ne rien cacher de ses émois. La porte de la chambre reste toujours ouverte, les courriers sont lus, voire le journal intime. Rien ne doit briser ni se mettre en travers de la route de ceux et celles qui désirent tout maîtriser de leur enfant et entrer dans le moindre recoin de leur monde intime. Sans doute par un désir de protection extrême de ce fils ou de cette fille qui se détache de plus en plus en devenant autonome.

Si j'ai rencontré Marie-Ange c'était, me dit-elle, parce « qu'elle se sentait toujours transparente ». « Lorsque je rencontre des gens que je ne connais pas, j'ai l'impression terrible qu'ils vont entrer en moi : savoir ce que je pense à la minute où je leur parle, mettre au jour et dévoiler les parts les plus secrètes de moi-même.» Cette impression prit sens au fur et à mesure de son avancée en elle-même. Elle put ainsi relier des fils entre ce qu'elle était devenue et la relation avec sa mère : «Elle s'est toujours immiscée en moi, surtout à l'adolescence. J'avais l'impression d'être traquée constamment. Où que je sois, quoi que je fasse. Je sais bien qu'à cet âge on a besoin d'être protégé contre nous-même, mais cela allait même jusqu'à son désir de lire mon courrier. Elle me disait que c'était pour mon bien et me protéger des mauvaises influences. Et le pire c'est que je m'en voulais de lui en vouloir, puisque c'était pour mon bien... Il lui est même arrivé plus d'une fois de dire certaines choses de ma vie personnelle en public. À ces instants-là j'éprouvais souvent une honte sans fond, comme si elle m'exhibait, me mettait nue devant tout le monde.

J'ai fini par rompre avec elle durant quelques années pour stopper son intrusion infernale dans mon territoire. Mais j'ai toujours eu l'impression qu'une sorte d'œil me suivait partout. Et même si peu à peu cette impression me quitte, cela ne se fait que très très doucement et j'en reste profondément marquée...»

En fin de compte, il est toujours question à l'origine de la présence d'un regard qui s'est voulu méprisant. Que nous nous cachions ou que nous nous montrions haut et fort, ce ne sont finalement que les deux faces de la mêmes médaille... Et toujours au cœur de tout cela l'image de nous-mêmes que nous percevons comme mutilée. Nos voies de protection et de défense contre la honte engendrée. Mais au-delà de toutes ces empreintes, de toutes ces conduites si extrêmes pour la plupart que les désapprobations, les jugements négatifs ou humiliants ont entraînés à leur suite en nous, ceux-ci vont également marquer la perception et le regard que nous sommes amenés à porter sur les autres.

## Comme un jeu de miroirs : quel regard portons-nous sur les autres ?

La perception que nous avons des autres, des événements qui nous arrivent, joyeux ou douloureux, vient du plus profond de ce que nous sommes. Chaque perception que nous avons du monde qui nous entoure vient de l'être qui nous habite. Comme me le disait le psychiatre Yves Prigent, avec toute sa sensibilité et sa si grande finesse, «tout ne peut être que subjectif puisque nous sommes des sujets…». Ainsi le regard que nous portons sur nos semblables est-il directement relié à l'image que nous avons de nous-mêmes. Quand nous nous donnons peu d'importance, que nous nous sentons inférieurs, incapables, moins valables que les autres, etc., c'est à eux, et à travers le prisme de notre vision, que nous accordons ces valeurs qui nous manquent : «Les autres sont tellement mieux que moi!»; «Personne ne peut réagir comme moi! Ça n'est pas possible comme je réagis! C'est tellement idiot», etc. Et quand nous chutons dans les fossés les plus profonds on peut même vouloir porter atteinte à cette vie qui, à notre image, «ne vaut plus rien»… À l'autre extrémité, quand nous avons l'impression de détenir toute la vérité, que nous nous prenons pour le roi du monde, ce sont les autres qui au contraire ne valent pas grand-chose et qui nous permettent de nous surélever. Ce sont eux qui ont toujours tort alors que nous avons toujours raison.

Chacun perçoit donc l'autre en fonction de la valeur qu'il s'accorde. La considération que nous portons à l'autre et la manière dont nous nous considérons nous-mêmes sont également ainsi intimement reliées. Et de l'image que l'on a de soi découlera celle que nous aurons de nos semblables. Pour éviter de tomber dans ces pièges nous avons pu choisir de rencontrer, ou tout du moins d'approcher l'être que nous sommes, avec tous les sentiments qui l'habitent et bien souvent de multiples ambivalences. Parfois avec l'aide d'un accompagnant qui facilite la tâche.

Certains d'entre nous portent en eux ce besoin d'être vrais, de connaître leur territoire, comme une nécessité vitale, même si aucun de nous n'y parvient jamais totalement bien sûr. Si nos parents ont posé sur nous un regard aimant, s'ils nous ont montré la voie de l'empathie, celle de la compassion et du souci des autres, il nous sera bien sûr beaucoup plus aisé d'y parvenir à notre tour. Ceux qui se sont penchés sur les «sauveteurs» de Juifs, ces «justes» comme on les nomme, ont confirmé leur belle nature affective et les liens ni autoritaires ni répressifs qui les unissaient à leurs parents ou à ceux qui les avaient entourés enfant. La transmission de ces valeurs si précieuses avait eu lieu, leur ouvrant à leur tour celle de l'accomplissement de soi.

Mais si notre histoire est plus douloureuse, peut-être aurons-nous éprouvé le souhait de nous approcher de ces zones d'ombre et de turbulences qui nous façonnent. Ces zones sont parfois très sombres et nous sommes loin d'en être fiers, même si nous avons fait le choix de les aborder bravement. Mais c'est justement grâce à ces remises en question qui parfois nous bousculent que nous atteignons l'humilité vis-à-vis de nous-mêmes, vis-à-vis de ces faiblesses qui font partie inhérente de tout être humain. À force de déjouer les impasses, de se débarrasser des faux-semblants et du besoin de «sauver les apparences», une sorte de tolérance nous habite peu à peu. C'est alors que nous essayons de comprendre l'autre à son tour comme nous l'avons fait pour nous-mêmes.

Il se passe beaucoup de choses quand on pose sur un autre être le regard de la compréhension. Le «pourquoi» il en est arrivé là. Mais cette compréhension, cette approche de l'autre n'a rien à voir avec l'acceptation de ses actes. Loin de là. Simplement atteindre cette couche profonde et si intime qui, à un moment donné, a conduit quelqu'un à porter un regard ou un acte négatif sur un de ses semblables. Ce peut être tout simplement l'incompréhension pour un parent distant, qui jamais n'exprimera ses sentiments.

«Ma mère ne m'a jamais exprimé qu'elle m'aimait. J'en ai si souvent souffert. Pour mes enfants aussi. Car quand elle les voyait elle ne jouait même pas avec eux. Et pourtant je sais qu'elle les aimait. Mais au premier regard on ne l'aurait pas cru. Et puis les années ont passé. Ma colère, mon ressentiment, et tout ce qui va avec ont peu à peu disparu. Non pas que j'aie pardonné, car j'en ai trop souffert. Mais j'ai compris. Et du coup mon jugement s'est profondément adouci.

Jamais sa propre mère ne l'avait prise dans ses bras. Jamais aucune émotion n'avait eu droit d'exister et elle avait baigné dans une atmosphère où aucun mot n'était prononcé sur les sentiments intérieurs. Alors en ayant lu des articles, des livres, j'ai eu enfin accès à elle. Elle ne pouvait pas. Elle ne pouvait pas faire autrement. Elle s'était emmurée et blindée face à tout ce qu'elle pouvait ressentir. Du dehors ça donnait l'impression d'une indifférence totale.

J'ai voulu aussi la secouer, mais j'ai l'impression que ça l'a amenée à se recroqueviller un peu plus. Maintenant je laisse faire, et depuis que j'ai compris j'accepte beaucoup plus facilement ce qui avant me faisait souffrir.

Cela ne l'a pas aidée à changer, car ça fait si longtemps qu'elle se trouve prise dans ses propres glaces, mais moi je ne souffre plus autant et mes enfants ont eux aussi davantage compris pourquoi leur grand-mère était ainsi...»

Cette compréhension portée à l'autre, à celui dont le regard nous a abîmés, et parfois de façon insupportable, je l'ai expérimenté à la maison d'arrêt où j'ai été amenée à côtoyer il y a longtemps des hommes responsables de délits parfois insoutenables et impossibles à accepter. Mais derrière un acte intolérable se cachait un homme. Avec son parcours de vie et les sentiments que celui-ci avait entraînés. J'entends souvent ces réactions bien humaines : «Alors parce qu'ils ont eu une enfance malheureuse il faudrait les excuser !» ; «Et les victimes, elles ne comptent pas ?». Mais comprendre n'est pas excuser. Cela n'ôte en rien la gravité d'un acte une fois que l'on en a découvert la source. Cela permet seulement de lui donner un sens et peut-être d'aider celui qui en est le responsable à en prendre conscience afin d'éviter le piège de la répétition. Lorsque l'on me demandait souvent comment je pouvais porter attention à ces êtres, je répondais toujours que je ne faisais jamais abstraction des actes qu'ils avaient commis. J'ai simplement toujours essayé de prendre en considération l'être qui était devant moi. Ces rencontres si particulières au sein de ce système clos m'ont confirmée que même dans ce cadre on pouvait porter un regard de confiance. Oui, c'est bien du regard que nous portons sur nous dont dépend la valeur que nous accordons aux autres. Essentiellement de lui...

## PARTIE III

# Pourquoi le regard de l'autre pèse-t-il si lourd sur nos épaules ?

Chapitre

# 6

# Nous sommes des êtres de besoins

*«Pour vivre il faut avoir été regardé au moins une fois, avoir été aimé au moins une fois, avoir été porté au moins une fois. Et après, quand cette chose-là a été donnée, vous pouvez être seul. La solitude n'est plus jamais mauvaise»*
*(Christian Bobin[1]).*

L'amour fait partie de notre air ; il est partout. C'est lui qui fait tourner le monde, avec ce besoin de tendresse qui fait partie de nos bagages dès notre naissance. Il peut même faire mourir – «mourir d'aimer» –, car il n'y a bien que dans les contes de fées que l'amour sort toujours vainqueur de toutes les épreuves. Mais qu'il s'agisse de l'amour porté à son enfant, à son conjoint ou amant, à ses parents ou amis, que nous venions d'arriver sur Terre ou que nous nous trouvions sur le point de la quitter, être aimé fait partie de cette quête vers laquelle nous tendons tous.

---

1. Christian Bobin, *La Grâce de solitude*, Albin Michel, 2006.

# Besoin d'amour

L'amour est l'ultime condition qui nous permet de nous accepter nous-même, après que l'on a pu l'être au moins une fois par un autre que soi. «Être vivant, c'est être vu, entrer dans la lumière d'un regard aimant[1]», dit encore Christian Bobin. C'est grâce à l'amour que ceux qui auraient dû sortir brisés des épreuves qu'ils ont traversées se révèlent pourtant capables de rebondir ; parce qu'une main secourable leur a été au moins une seule fois tendue[2]. *L'Hymne à l'amour*… La littérature, le cinéma, la poésie, le théâtre, la chanson, l'art sous toutes ses formes le célèbre depuis la nuit des temps. Amour paisible ou passionnel, raisonnable ou impétueux… Sans doute cela est-il en partie lié à une peur qui réside en chaque être humain : la crainte de l'abandon.

## La peur de l'abandon

Il existe mille et une manières d'aimer, mille et une amours. Celui fondé sur l'attente et qui nous soumet alors à la douloureuse dépendance d'un autre qui n'est là que pour panser nos blessures ; cette relation d'amour entre dominant et soumis ; cet amour égoïste dont le seul objectif est de se servir de l'autre pour assouvir ses propres besoins ; ou encore emprunt de cette possessivité qui rend captif celui qui s'y trouve soumis.

---

1. Christian Bobin, *L'Inespérée*, Gallimard, 1996.
2. Cf. le témoignage de Tim Guénard, *Plus fort que la haine*, Presses de la Renaissance, 1999.

Elwen a bien connu cette mainmise de l'amour qui n'a d'autre but que de combler nos manques. Sa compagne lui demandait sans cesse de l'affection et des marques de tendresse mais d'une manière qui le détruisait peu à peu car son arme favorite était la bouderie, ce silence dont certains s'enveloppent et qui en dit long à travers tous les non-dits qu'il exprime.

«Chaque fois qu'elle avait besoin de ma présence ou d'une marque d'attention, elle était incapable de me le dire tout simplement. Cela je l'ai compris bien après. Elle s'isolait, se mettait de côté. Au début j'allais vers elle, je lui demandais ce qui se passait et ce que je pouvais faire. Je voulais si bien faire pour elle... Mais rien n'y faisait, elle gardait le silence et je me sentais impuissant et triste. Et surtout à chaque fois si coupable : qu'avais-je fait ? Que fallait-il que je fasse ? Car le dialogue était impossible. Peu à peu j'ai réalisé combien ces attitudes représentaient une arme hautement destructrice et manipulatrice car au lieu d'exprimer sa colère son silence n'avait d'autre but que de me mettre mal à l'aise pour me dominer en me mettant dans la position très culpabilisante du responsable et du "bourreau", mais sans pour cela accepter que je l'aide. Elle me faisait payer les blessures qu'elle avait subies et réglait finalement ses comptes par mon intermédiaire.»

Elwen réalisa que c'est le sentiment de manque et d'abandon très ancien de sa compagne qui avait entraîné chez elle ces attitudes destructrices. Il parvint à se débarrasser de la culpabilité qui le rongeait quand il réalisa qu'il n'était pas responsable de la souffrance de sa compagne et qu'il ne pouvait rien faire pour elle parce qu'elle était emmurée dans ses propres difficultés.

C'est en prenant conscience de ses divers ressentis qu'Elwen parvint à comprendre combien le manque d'amour et d'un regard bienveillant sur soi peut provoquer des blessures d'abandon qui entraînent à leur suite des souffrances, en soi et autour de soi.

Mais c'est aussi cet *agapé* qui en représente le sens ultime. Cet amour oblatif, gratuit, qui n'attend rien en retour. Cet amour inconditionnel qui, les «mains ouvertes», comme l'exprime Ruth Stanford, permet de soulever des montagnes, et parfois même de pardonner l'impardonnable. Celui que nous n'offrons pas simplement à ceux que nous aimons, mais à l'univers et à l'humanité tout entière. Cet amour dont nous parle Simone Weil: «Aimer purement, c'est consentir à la distance, c'est adorer la distance entre soi et ce que l'on aime. Posséder c'est souiller[1].» C'est aussi celui que l'on rencontre dans le regard du thérapeute: «Ce que la personne vit en psychothérapie est l'expérience d'être aimée[2].» Cette sorte d'amour qui réveille à la vie, toujours présente en nous. C'est encore lui qui nous permet de dépasser l'horizon rétréci de notre petit moi pour qu'il s'ouvre et devienne plus ample, plus riche au contact des autres. N'est-ce pas cela que signifie l'expression «porter son cœur en bandoulière»?

C'est celui que l'on offre à celui ou celle qui va partir pour toujours et que l'on ne cherche pas à retenir, lui rendant sa pleine liberté et le laissant aller vers un autre monde, le sien, malgré notre chagrin. Celui qui permet que des personnes qui se sont dispersées, soit par obligation et leurs diverses occupations, soit par un fil affectif qui s'est rompu, se rassemblent autour du cercueil d'un être cher disparu, dans une émotion commune.

C'est sans doute pourquoi Noël, ce moment si particulier, est porteur pour chacun de nous d'une couleur bien différente. Pour

---

1. Simone Weil, *La Pesanteur et la Grâce*, Plon, 1988.
2. Carl Rogers.

certains d'entre nous il est source de bonheur, de joies et de retrouvailles familiales quand on est parvenu à briser et à dépasser le côté si mercantile et commercial de cet événement. Un peu comme en avion quand on traverse ces épais nuages pour retrouver la réelle beauté du ciel, de l'autre côté. Pour d'autres il suscite l'indifférence, la mélancolie voire la douleur quand ces instants font resurgir un manque, des blessures, des souvenirs de vide ou de désamour. Quand s'aiguisent les souffrances d'une famille éclatée, de relations brisées ou déchirées entre des parents et leurs enfants, ou entre frères et sœurs. Noël, cette fête de l'amour, ne peut laisser insensible. Amour manqué, amour comblé, il symbolise de toutes ces manières ce à quoi nous aspirons le plus.

## La pyramide des besoins de Maslow

C'est en 1943 que le psychologue américain humaniste Abraham Maslow a commencé à mettre en lumière une théorie concernant nos besoins fondamentaux, qu'il a représentés sous la forme d'une pyramide de cinq étages.

Au premier étage apparaissent nos besoins physiologiques comme respirer, se nourrir, la sexualité, etc.

Au deuxième nos besoins de sécurité tels qu'un environnement stable, de confiance et de protection.

Au troisième nos besoins d'appartenance et d'amour comme l'affection des autres.

Le quatrième représente celui de nos besoins d'estime comme la confiance, le respect, la reconnaissance.

Enfin c'est au cinquième et dernier étage que se situent nos besoins d'accomplissement et de réalisation de nous-mêmes.

## La jalousie

Ils sont nombreux les auteurs qui se sont ainsi penchés sur cet attachement d'amour indispensable à tout être vivant, élément essentiel à la survie de l'être, comme les psychanalystes René Spitz et Donald Winnicott. Pour les «mendiants de l'amour[1]» que nous sommes, s'il est bien une situation où s'exacerbe tout particulièrement notre besoin de tendresse exclusif et privilégié, c'est bien dans l'incontournable partage d'affection de nos parents avec nos frères et sœurs. Chacun aurait tant souhaité n'être que leur seul et unique objet d'amour… Chacun aurait tant désiré accaparer sa mère pour qu'elle ne porte à aucun autre son intérêt, sa tendresse, son admiration et sa reconnaissance. Pourtant c'est bien ce passage obligé du partage qui constituera pour nous une chance de dépasser notre désir de possessivité, et pour cela il aura fallu que nous ayons eu la chance d'avoir été regardé avec acceptation afin de pouvoir exprimer la jalousie qui nous tenaillait.

«J'ai beaucoup souffert à la naissance de mon petit frère, d'autant que j'ai vite réalisé que mes parents, et notamment mon père, avaient un peu plus d'attention à son égard que pour moi. J'ai compris que les garçons dans sa famille occupaient une place de première importance. Alors j'ai commencé à manifester mon sentiment de jalousie, mais j'ai très vite réalisé que c'était impossible. Cela ne faisait qu'empirer les choses, m'éloignant de plus en plus du regard que j'attendais que mon père pose sur moi. La communication s'est ainsi peu à peu dégradée, et encore maintenant, quand nous nous réunissons avec mes parents et nos enfants respectifs, il est encore

---

1. Germaine Guex, *Le Syndrôme d'abandon*, Presses universitaires de France, 1973.

souvent fait référence à mon tempérament "jaloux". C'est souvent sous la forme de plaisanteries, mais cela me fait toujours mal.»

Pourtant quoi de plus naturel que ce sentiment? La venue d'un autre sous le même toit est bien souvent source de souffrance, de par la crainte du rejet ou du désamour. Mais à cette peine vient s'ajouter celle de ne pas se sentir accepté et compris lorsque notre ressenti tout simplement humain n'est pas entendu, rompant le fantasme d'être plus ou moins unique et irremplaçable.

## Être aimé : être reconnu

Au cours de notre existence nous faisons ainsi beaucoup de choses pour tenter d'être aimés ou tout simplement acceptés. Jusqu'à notre besoin de cigarette, dont on ne peut plus se passer et qui peut nous être tout simplement venu au tout premier moment de nos 15 ou 16 ans pour «faire comme les copains» et ne pas avoir l'air «cruche» en refusant, même si nous ressentions du dégoût. Voilà d'où nous est venue cette accoutumance, cette dépendance. D'un simple besoin de reconnaissance…

Cela fait bien longtemps que Jean-Yves a perdu sa maman. Il n'avait que 8 ans quand elle est partie, frappée par un cancer foudroyant. Mais c'est le silence de la famille qui s'est instauré autour de ce drame qui représenta pour lui une déchirure encore plus profonde et accentua le vide de la perte.

«Du jour au lendemain toute la famille a comme tourné la page. Pas un mot sur cette disparition. Personne pour accueillir ma détresse et mon chagrin. Un bain d'amour, de tendresse venait de disparaître. Une véritable tempête avait tout balayé et fait disparaître le nid douillet dans lequel j'avais jusque-là baigné. Puis ce fut le suicide de mon père quand j'ai eu 17 ans. Solitude et trou noir. Mais je sais que je ne suis pas tombé dans la folie car j'ai eu le regard d'amour de ma mère durant mes huit premières années, et ensuite celui de mon père. Cela a sans doute construit ma personne et j'ai pu continuer la route grâce au souvenir de leur regard aimant, même après leur décès. »

Ce phénomène de résilience, cette capacité à rebondir après des événements plus ou moins traumatiques, est lié à cet amour reçu dans l'enfance, avant que des cataclysmes ne s'abattent. Jean-Yves me le disait à sa façon. Comme le jour où durant une séance très émouvante il m'apporta ses photos d'enfant où il était entouré de ses parents et de ses frères et sœurs…

Comme je l'ai exprimé au cours des pages de la première partie de cet ouvrage, un nourrisson à qui l'on ne prodigue que des soins tels que la nourriture et l'hygiène sans la moindre manifestation ou marque de chaleur humaine se meurt d'amour, de solitude. Au-delà de ces conditions extrêmes, il existe maintes situations où ce manque d'amour est là. Enfant délaissé ou considéré comme un objet que l'on peut changer de pièce sans lui adresser la parole ou laisser seul dans son parc. Enfant « dressé » sans aucune trace de tendresse… Enfant « poupée » qui ne sert que de faire-valoir aux yeux des autres. Enfant réparateur qui n'existe pas pour lui-même mais pour consoler le parent de la mort d'un autre enfant… À chaque fois, l'enfant n'est pas reconnu comme tel…

## L'hospitalisme

C'est le psychiatre et psychanalyste d'origine hongroise René Spitz (1887-1974) qui a mis en lumière la notion d'hospitalisme. Il s'agit d'un état de désolation proche de la folie que de nombreux enfants ont malheureusement éprouvé lors de certaines guerres qui les ont coupés de tout lien humain et plongés dans une carence affective totale. Convaincu de l'influence essentielle de l'environnement sur la croissance de l'enfant, René Spitz a étudié des nourrissons placés en institutions auxquels seuls des soins d'hygiène et médicaux étaient prodigués. Couchés dans des lits à barreaux avec le plafond comme seul lien avec le dehors, sans aucune communication véritablement chaleureuse, sans aucune forme de tendresse, dans cet état de carence affective extrême, ces petits développaient des syndromes graves de repli sur eux-mêmes et l'on constatait un arrêt de leur évolution psychomotrice. À son stade ultime un état de sidération, voire de marasme.

Au cours d'une expérience, ce psychiatre a présenté à des bébés singes deux sortes de figurines tenant un biberon. Les premières étaient en fil de fer et prodiguaient un lait de bonne qualité, les secondes étaient entourées de coton moelleux et offraient un lait beaucoup plus pauvre. Les petits singes qui grandirent et grossirent le mieux étaient ceux qui avaient bénéficié des « mères velours » au contact doux et chaud malgré une nourriture moindre.

À rechercher cette indispensable reconnaissance, des drames se jouent aussi au sein des cours de récréation parmi les enfants qui, comme tout un chacun, aspirent à être aimés. Je rencontre ainsi de plus en plus fréquemment des petites filles ou des garçonnets dont le visage reflète la tristesse de se sentir exclus. Ils n'arrivent pas à se concentrer à l'école et leur sommeil est perturbé : « Mes amies m'ont quittée et sont maintenant toutes contre moi. Elles se regroupent pour me dire que je suis laide comme un pou et bête. "T'as vu ta tête ? T'es la plus moche...", etc. Je fais tout pour qu'elles jouent avec moi. Je leur prête mes cahiers et je les aide pour leurs devoirs, mais rien n'y fait. » Tout ceci au prix d'une soumission bien inutile et surtout bien souvent source de l'amplification du comportement humiliant de la part des autres.

Constant a 9 ans. Il ressent un sentiment d'extrême détresse. Lui qui était ouvert à tant de centres d'intérêt a perdu le goût pour de nombreuses choses, notamment pour son sport favori, le foot, et il a surtout perdu sa légendaire gaieté. Son regard d'enfant empreint de gravité est semblable à celui d'un véritable adulte. Ses résultats scolaires sont en baisse, et tout cela inquiète ses parents. Je comprends rapidement que ce petit garçon si vif et éveillé subit depuis plusieurs semaines du harcèlement de la part de ses camarades. Lui, au cœur grand ouvert, a rapporté des friandises à ses copains, ou plutôt à ceux qu'il désirait si fort avoir comme copains mais qui bien souvent se moquaient de lui. Puis il rapporta des figurines, des images à collectionner, jusqu'au jour où il n'eut plus rien à donner. C'est là que les agressions commencèrent. Et un jour il m'apporta la liste des insultes et humiliations qu'il avait subies : "Tête de couillon", "Dégage débile", "Ça pue l'incruste", "Passe-moi le ballon gros nul", cartable jeté à terre, coups de pied jusqu'à en tomber, pincements, etc. Les enfants lui tournèrent le dos et il se retrouva seul dans la cour.

Comme c'est souvent le cas, la situation durait depuis plusieurs semaines mais Constant n'avait pas osé en parler par peur des représailles. Du haut de son jeune âge il réalisa qu'il avait tellement besoin d'être accepté et reconnu, lui timide, peu bagarreur et ayant du mal à s'intégrer à un groupe, qu'il s'était laissé asservir par les autres pour être reconnu par eux. Sa peur de rester seul était au cœur de tout cela.

Devant l'angoisse de non-amour et d'abandon, un large éventail de choix nous est offert pour l'apaiser et l'adoucir. Certains d'entre nous essaient de se réparer à travers leur jeune enfant, et ce dès sa naissance, pour essayer de sortir d'une solitude sans fond. Comme me l'exprima Aurore : « Quand Erwan est né, plus rien d'autre n'existait. J'étais tout à lui. Tout passait par lui dans mes pensées, dans mes gestes… Même mon mari s'est senti complètement délaissé et privé de son rôle de papa tant je prenais de la place ! J'ai senti que je pouvais exister pour quelqu'un. Être mère avec tout ce que ça représentait et que moi je n'avais jamais connu. Lui donner ce que j'aurais voulu tant avoir… Réparer les fautes de ma propre mère et surtout son absence. »

## Voir dans le regard de l'autre que l'on existe

Ce besoin essentiel d'amour en entraînera bien d'autres : être reconnu et compris, être écouté, en un mot voir dans le regard de l'autre que l'on existe, que l'on est un être humain à part entière et pas un objet ou un étranger. Car on peut être aimé, mais les mots sont essentiels pour nous le confirmer. Tout comme pouvoir être entendu dans nos ressentis.

« Ma mère n'était préoccupée que par les choses matérielles. Il ne m'a jamais été possible d'avoir un dialogue sur ce que je ressentais. Quand j'étais jeune, il lui suffisait que je sois sage. Jamais elle ne s'est demandé si j'allais bien. Et pourtant je me sentais si seul. Quand j'essayais de le lui faire comprendre, elle me répliquait "Mais non mon garçon, tu es quelqu'un de formidable !", et ces mots excluaient toute possibilité de dialogue. Je ne me suis jamais senti compris, écouté véritablement. Oui j'ai sans doute été aimé, mais ma mère ne s'est toujours bornée qu'à me poser des questions sur ma santé, mon travail, mes repas, etc. Je sais qu'elle-même n'avait jamais pu communiquer avec ses propres parents et qu'elle ne savait sans doute pas comment s'y prendre avec moi. Mais j'ai toujours eu la sensation qu'elle ne voyait qu'une partie de moi, sans se poser les véritables questions. Je me sentais nié et sans importance à ses yeux. »

Aimer est essentiel mais l'éprouver pour notre entourage n'est parfois pas suffisant car les mots, tout comme les gestes, ont eux aussi beaucoup d'importance car ils en sont tout simplement la confirmation. En fin de compte, au-delà de cette recherche de reconnaissance et d'approbation qui nous pousse à ne pas décevoir, à ne pas être déçus non plus, il s'agit encore et toujours de notre désir d'être aimés.

## Nous sommes des êtres de relation

Qui parle d'amour parle de liens. De ces fils qui se tissent entre les êtres et qui peuvent se définir de mille et mille manières. Tout comme l'eau et l'air, l'autre nous est essentiel et les liens que nous créons avec lui forgeront toute notre existence. Se confier, demander conseil, rendre service, chercher son chemin ou aider quelqu'un à le trouver… Qu'il s'agisse d'un lien tissé en quelques secondes avec un inconnu dans la rue grâce à un sourire, ou bien d'un lien plus durable et profond, le lien nous est chaque jour indispensable, sans qu'il nous fasse basculer pour autant dans le registre de la dépendance qui ne peut que nous rendre malheureux. Tout ce qui sépare, divise – l'égoïsme, l'agressivité, le jugement –, nous fait mal. Car nous sommes avant tout des êtres de relation. Nous sommes faits pour entrer en résonance avec l'autre et, quoiqu'en disent certains, nous naissons avec dans nos bagages l'empathie, celle qui refait immédiatement surface quand des coups durs surviennent et que la solidarité s'établit spontanément, comme dans les cas de catastrophes naturelles où chacun s'entraide dans un réflexe spontané.

Quand elle sonna à ma porte Sonia venait de vivre une épreuve particulièrement douloureuse : celle de l'injustice, de la non-reconnaissance de ses valeurs. Professeure d'arts plastiques depuis une dizaine d'années, elle avait toujours cru dans la nécessité de faire preuve d'une juste rigueur vis-à-vis des jeunes, qui à ses yeux devait représenter pour eux une source indispensable d'équilibre.

« J'ai été élevée avec des valeurs comme la justice, le respect de l'autre. Mais peu à peu je me suis sentie débordée par certains jeunes de ma classe de quatrième qui refusaient toute forme d'autorité, même la plus juste. Provocations, humiliations, moqueries de plus en plus fréquentes, jusqu'à dénigrer mon physique : "Ben dites donc, vous devriez vous faire faire un bon coup de chirurgie esthétique !" J'ai bien été me plaindre au directeur, mais il ne m'a absolument pas soutenue, de même que les parents des quelques jeunes, qui ont pris le parti de leurs enfants. J'étais seule. Complètement seule face à tous ces regards qui voulaient me faire honte. Honte de ce que j'étais. Je me suis sentie rejetée. Méprisée. Seule contre tous. Et moi qui manquais déjà de confiance en moi j'ai perdu tous mes repères et j'ai plongé. Car cela a été beaucoup plus loin. L'un des jeunes avait un père journaliste dans une revue locale qui a écrit un article pour mettre en garde les parents dont les enfants étaient harcelés par certains professeurs. Mon nom n'était pas cité, mais celui de l'établissement oui. J'ai perdu mon sentiment de dignité. La honte m'a submergée. Il a fallu que je me mette en arrêt de travail... Tout ça m'a replongée en arrière, à l'époque où je n'étais que la "pas grand-chose" de toute ma famille... Ça n'a fait qu'accentuer, que faire remonter tout mon passé. »

## L'estime de soi

L'estime de soi, qui selon les cas nous apporte un équilibre serein ou au contraire nous fait pencher d'un excès à un autre, entre trop et trop peu, s'enracine dans notre enfance au sein de l'entourage dans lequel nous avons baigné. C'est cet environnement qui a mis à mal ou non l'idéal de soi, cette image que l'on s'est forgée, lui qui peut mener à la honte de soi : « Tu me fais honte » ; « J'ai honte pour toi » ; « Oh c'est la honte ! ». Mais toujours avoir honte. Faire honte. Cette image de nous-mêmes se forge ainsi de très bonne heure.

Quand nous venons au monde nous ne connaissons rien de nous-mêmes. C'est grâce à notre entourage, notre pur miroir, que nous allons parvenir ou non à nous construire. C'est grâce au psychanalyste et psychiatre britannique John Bowlby que ce qu'il a appelé la « pulsion d'attachement » a été explorée et c'est elle qui nous guidera toute notre vie durant. Ce sont ces tout premiers regards posés sur nous qui seront la clé de nos liens futurs. Ce sont eux aussi qui seront là ou non lors de notre grand départ. Et les personnes accompagnant des mourants savent combien cette pleine présence à l'autre à cet ultime moment est fondamentale. C'est ce lien d'humain à humain qui nous accueille et qui nous dit au revoir. Le même aux deux extrêmes de notre existence, le même durant tout son déroulement.

C'est vers l'âge de 1 an que nous commençons à prendre conscience de notre identité. Là, telle une découverte bouleversante, nous nous percevons dans le miroir comme distinct de notre mère et sortons de la fusion qui régnait jusqu'alors en maître. Au moment de nous reconnaître pour la première fois dans la glace, nous nous sommes retourné vers notre mère pour l'interroger du regard : « Est-ce bien moi là ? – Oui, regarde, c'est bien toi ! », nous a-t-elle répondu en pointant la surface lisse. Nous sommes alors parti d'un grand éclat de rire devant cette découverte fondamentale. Et tel Narcisse nous avons découvert notre véritable image. Et puis quelques années plus tard, au moment de l'adolescence, tout sera remis sur l'ouvrage, cette sorte de quête existentielle qui remettra en cause de manière radicale notre identité dans un bouleversement parfois très profond.

Toute notre vie durant nous chercherons dans le regard des autres la preuve de notre valeur. Celle que nous ne cesserons de rechercher ou de consolider et de maintenir plus tard, dans la société, au travail, et au sein de chaque lien affectif auquel nous tiendrons dans notre vie personnelle. Il y aura ainsi au cours de notre traversée des rencontres déterminantes qui en modifieront le cours et nous ferons prendre un chemin que nous étions bien loin de soupçonner.

Le philosophe Jean Vanier, dans l'ouvrage collectif *Tous fragiles, tous humains*[1], évoque cette scène se déroulant dans un quartier de haute sécurité où un aumônier et sa femme avaient décidé de faire baptiser leur bébé. Un détenu observe la scène et demande : « Est-ce que je peux prendre le petit dans mes bras ? » La mère lui donne son enfant. Le détenu le regarde ; ils se sourient. Alors le détenu se met à pleurer… « Quelque chose, dans cet homme, a été ému, touché, en regardant la pureté et l'innocence de l'enfant. Le regard, le sourire, la confiance et la tendresse du bébé l'ont bouleversé[2] » À cet instant un lien s'est créé et peut-être aura-t-il suffi de cela pour faire tout basculer dans le cœur de cet homme.

---

1. *Tous fragiles, tous humains*, ouvrage collectif, Albin Michel, 2011.
2. *Idem.*

C'est bien sûr dans la coupure du lien au cours de nos deuils et de la perte de nos êtres chers que nous réalisons l'importance essentielle qu'il représente dans nos vies. Combien notre souffrance est à vif… Il nous en faudra traverser des étapes pour parvenir à dépasser cette attache disparue…

## Se conformer au regard de l'autre

Que nous recherchions ou au contraire fuyions et évitions les liens, craignant de souffrir en nous y engageant, ils sont pourtant tous au centre de notre vie. Les rapports d'amour et de tendresse que nous nous accorderons ou non dépendront par la suite de ces expériences originelles que nous aurons vécues, sous des yeux empreints de bienveillance ou de mépris. C'est ainsi qu'hélas nous pourrons en arriver à nous dire «Je suis ce que l'on m'a dit d'être», cherchant à l'extérieur dans une quête perpétuelle cette reconnaissance que nous n'avons pu malheureusement trouver en nous-même. L'apparence primera sur tout le reste et entraînera la rupture entre ce que *nous sommes* et ce que *nous devrions* être… Et tous les moyens seront bons pour y correspondre. Ainsi pourrons-nous opter pour le rôle de clown qui fait rire toute l'assemblée, même si l'on peut être triste ou se sentir seul, ou choisir de s'habiller de manière excentrique pour «se faire remarquer»… On peut aussi tout simplement, de crainte d'être perçu comme un «mauvais parent», s'évertuer à renvoyer une image positive et adopter des attitudes qui en fin de compte se retournent contre nous… et contre notre enfant. Je reçois en effet souvent des parents perdus, mais toujours habités par le désir de faire toujours mieux.

J'ai ainsi accueilli Lionel et Marie-Lucie, parents de Julie, 5 ans. Toutes leurs nuits sont entrecoupées par ses caprices. Non par ses cauchemars, où dans ce cas il est bien sûr indispensable de sécuriser l'enfant, mais de ses plaintes pour «dormir dans le lit de papa et maman» car rester seule est difficile et représente pourtant une étape incontournable pour grandir. Chaque nuit, Julie parvient à ses fins.

«On a bien essayé de résister, car on a bien compris qu'il ne s'agissait pas d'angoisses mais de caprices. Mais Julie sait bien y faire. Elle peut se mettre à hurler et ça peut durer. Vous vous rendez compte pour les voisins! Pour qui va-t-on passer? Pour des parents indignes? Non ce n'est pas possible. En plus nos voisins n'ont pas d'enfants, alors comment pourraient-ils comprendre que l'on laisse pleurer notre petite fille?»

Julie, petite fille vive et éveillée, avait bien compris que ses parents céderaient dans tous les cas. Pourtant peut-être aurait-il été possible pour eux de prévenir les voisins de quoi il retournait et de retrouver très rapidement le calme nocturne nécessaire. Fort heureusement Julie faisait partie de ces enfants qui comprennent très vite où se situe la limite, qui la recherchent et qui se sentent soulagés quand elle est posée. Car si la première nuit fut houleuse, tout revint très rapidement dans l'ordre, une fois que les parents de Julie parvinrent à dépasser la crainte du jugement des voisins. Julie elle aussi en a bien sûr pleinement bénéficié car on ne soupçonne pas combien il est sécurisant pour ces petits êtres vifs et intelligents de tester ces fameuses limites et de les rencontrer!

Mais il existe des situations beaucoup plus douloureuses lorsque ce lien parent–enfant ne porte pas respect à ce dernier, qui passe bien loin derrière la sauvegarde de l'image de soi et des apparences. Me remonte à la mémoire Valentine, recroquevillée au fond de son puits intérieur dans une solitude immense. Un jour elle parvint à m'exprimer un secret enfoui depuis des années : elle avait été violée et battue par son oncle. Lorsqu'elle réussit au bout de plusieurs mois à l'avouer à son père pour se libérer du poids de son secret, elle reçut comme réponse de sa part ces mots terrifiants : « Tu n'aurais jamais dû me le dire. Surtout ne dis rien à personne. Tous les voisins risquent de le savoir. » Ce qui fit dire à Valentine : « J'allais apporter la honte sur la maison et la famille. Il n'en avait rien à faire de la souffrance qui me rongeait de l'intérieur depuis si longtemps ; et de ma solitude non plus… Seule sa réputation comptait. Je n'existais pas… » Elles sont si nombreuses les voies que nous choisissons pour correspondre à ce que les autres attendent de nous.

# Autant de regards posés sur nous, autant de chemins de vie

*«Dès l'enfance on nous retourne et nous contraint à voir l'envers, les apparences, non l'ouvert […][1]. »*
*(Rainer Maria Rilke).*

Chacun de nous a besoin que l'on pose sur lui un regard qui l'accepte tel qu'il est au moins une fois dans sa vie. Au moins une fois. Sans ce regard, beaucoup d'entre nous auraient été incapables de se relever de leurs blessures. Je pense à Tim Guénard, entre autres, qui dans son ouvrage *Plus fort que la haine*[2] retrace son parcours, particulièrement exemplaire et riche d'enseignements. Grâce à des rencontres aimantes sur son chemin, à des mains tendues vers lui,

---

1.  Rainer Maria Rilke, *Élégies de Duino*, Allia, 2015, huitième élégie.
2.  Tim Guénard, *op. cit.*

il a pu rebondir et devenir l'homme qu'il est devenu, malgré une enfance dominée par la maltraitance et le rejet.

## Frappés du sceau du regard de l'enfance

Quand on n'a pas été reçu dans toute sa véritable personne au moins une fois par un autre que soi, on se trouve amputé de sa spontanéité et l'on est parfois prêt à tout pour ne pas perdre ce minimum vital de considération. Chaque fois que, enfant, un regard nous a déprécié, dévalorisé, la perception que nous avons eu de nous s'en est toujours trouvée faussée, déformée. C'est alors, même des années plus tard, que nous nous retrouvons piégés, paralysés devant l'adulte, oubliant que nous avons grandi et que le droit à la parole nous est pleinement donné à l'âge que nous avons atteint.

Gwendal a presque 50 ans et pourtant il va prendre conscience que l'ancien petit garçon qu'il était ne l'a pas quitté quand il se laisse écraser par toutes les femmes qu'il rencontre, comme il le faisait avec sa mère, particulièrement dure et dont le regard le glaçait. «J'ai eu soudain un déclic. Je continuais à me comporter comme je l'avais toujours fait devant ma mère qui me faisait honte quand elle m'humiliait... Je devais sans cesse lui demander pardon. La plupart du temps je ne savais même pas pourquoi. J'étais comme son esclave, alors que mon frère plus jeune que moi avait toutes ses faveurs et en profitait largement. Je faisais tout à la maison mais ce n'était jamais bien, les reproches pleuvaient sur moi...»

Tel un poison que l'on lui inoculait jour après jour, la culpabilité avait fini par régner en maître à l'intérieur de Gwendal. «J'ai réalisé que le regard que portait ma mère sur moi ne pouvait plus m'atteindre le jour où j'ai pris conscience que je n'étais plus le petit garçon qui était terrifié devant elle. J'avais sans doute oublié jusque-là que j'avais grandi. De ce jour ma relation aux femmes s'en est trouvée profondément changée. »

C'est à la suite d'un long et patient chemin de réflexion sur elle-même, dont je garde encore le souvenir avec une grande émotion, que Myriam, à l'âge de 38 ans, reprit avec la même passion qu'enfant les concours et les compétitions de natation qu'elle avait abandonnés depuis si longtemps.

«Quel bonheur je ressentais. J'étais, c'est le cas de le dire, comme un poisson dans l'eau. À 10 ans j'ai été sélectionnée par un club. Et puis juste quand j'obtins ma première réussite, ma première fierté, mon père me dit qu'il ne pouvait plus continuer à me payer les cours. Tout s'est écroulé pour moi ce jour-là et je me souviens avoir pleuré dans l'eau lors de ma dernière séance. Ce qui était le plus douloureux c'était que je ne comprenais pas. Papa était architecte et gagnait bien sa vie, ma mère aussi, il n'y avait aucun problème d'argent à la maison. Alors pourquoi ? Je le compris plus tard. Mon père avait été lui-même écrasé par le regard méprisant de ma grand-mère et "réglait ses comptes" par mon intermédiaire. En plus j'étais sa seule fille, la seule figure féminine parmi mes deux frères. »

En grandissant Myriam n'a pas cessé d'être humiliée par son père. Elle prit petit à petit pleinement conscience qu'elle avait toujours en elle cette petite fille, qui refaisait instantanément surface et perdait ses moyens dès qu'elle se retrouvait face à quelqu'un qui tentait de la déconsidérer. Jusqu'au jour où elle plongea à nouveau dans une piscine. La même joie, la même exaltation l'habitèrent de nouveau : « L'autre jour, pendant la compétition organisée par mon club, j'ai retrouvé mes 10 ans et la petite fille que j'étais. Mes rêves étaient intacts. Et vous savez, j'ai pleuré dans l'eau comme il y a vingt-cinq ans… mais là c'était de joie. La boucle était bouclée… Tout me semble réparé, ou tout du moins une grande partie.»

Peut-être le père de Myriam faisait-il tout pour ne pas se sentir menacé par sa fille. Il existe ainsi des parents qui mettent tout en œuvre pour ne pas se sentir égalés par leur enfant. La compétition est ce qui les habite constamment et ils feront tout pour l'inférioriser afin de garder la place la plus élevée… Au cours de notre enfance nos parents ont aussi pu projeter leurs rêves sur nous. Et là où ils ont échoué il nous faudra coûte que coûte réussir, en perdant de vue nos profondes aspirations sur la route que leur regard nous disait de suivre. Ou encore sous le fardeau de la survalorisation, gêné par la glorification incessante de notre entourage : « Voyez comme il réussit ! C'est le meilleur ! Il ne rate jamais rien ! On est si fier de lui »… Là encore il nous faudra maintenir le cap pour ne pas décevoir et nous tenir sans relâche sous les projecteurs, ce qui nous rendra un beau jour l'existence insupportable.

C'est ainsi dès l'enfance que nous aurons été amenés à adopter un rôle en fonction de ce que l'on attend de nous. Que l'on ait été mis sur un piédestal ou qu'au contraire on ait été nié, peu à peu le personnage que nous nous serons forgé pour nous protéger nous rattrapera et nous finirons un jour par ne plus savoir qui nous sommes vraiment sous cette seconde peau.

## Quand nous endossons un costume imposé

Finalement c'est un peu comme si l'enfant que nous étions était entré dans un magasin de costumes et qu'il avait eu à choisir parmi tous ceux qui s'offraient à ses yeux. Autant de regards posés sur nous, autant de costumes endossés… Mais le prix est toujours exorbitant à payer, car c'est la perte de notre être le plus profond et le plus vrai qui entre en scène. Ainsi peu à peu allons-nous être amenés à jouer un rôle ; à porter un masque. Celui qui correspond au désir des nôtres, même s'il n'est pas fait pour nous. Ou au contraire nous glisser dans un costume totalement contraire. Mais dans tous les cas, quel que soit notre choix, que nous nous conformions ou que nous nous rebellions, nous serons piégés dans les filets de ce personnage puisqu'il n'est pas fait pour nous.

Je me souviens d'un dimanche d'hiver, dans un salon du livre. Deux petites filles s'arrêtent devant les ouvrages pour enfants dont ma voisine est l'auteur. Deux sœurs avec leurs parents. L'une, sans doute âgée de 10 ou 12 ans, possède un regard grave et se plonge dans sa lecture. Rien ne semble la déranger car elle est toute à ce moment où elle semble avoir rejoint un ailleurs. Sa sœur, un peu plus jeune, bouge, va et vient, le regard porté vers ce qui l'entoure. Personnalité différente sans doute, mais aussi peut-être malgré une famille identique un parcours pas forcément semblable comme pour beaucoup d'entre nous. Un peu comme l'enfant « raisonnable » face à l'enfant « espiègle ».

## L'enfant modèle

Ainsi peut-être avons-nous adopté le statut d'enfant modèle, qui est là pour satisfaire le désir souvent peu conscient de ses parents et obéir à leurs règles, tacites ou non. Renonçant à faire nos propres expériences et à suivre nos propres souhaits, c'est à ceux de notre entourage que nous nous sommes pliés. Tel un mini-adulte nous avons appris à verrouiller en nous toute trace d'opposition ou de révolte, incapable que nous sommes devenus de transgresser le moindre interdit. Sous ce regard de domination nous en sommes arrivés au tarissement, à l'étouffement et à l'amputation de notre élan vital et de notre spontanéité. La réelle joie de vivre et tout notre bel enthousiasme nous ont un peu comme quittés.

Ainsi avons-nous servi de faire-valoir, de carte de visite pour notre entourage que nous nous devions de ne jamais décevoir, toute leur attention étant focalisée sur nos réussites. Mais finalement, alors que nous leur disions oui, notre cœur, lui, disait non. Nous avons appris peu à peu à développer plus que d'autres notre surmoi, ce juge intérieur, ce gardien indispensable pour freiner les élans de nos instincts parfois déchaînés mais qui peut se transformer en tyran quand on a reçu une éducation emprunte de rigidité. Ayant intériorisé enfant l'autoritarisme de nos parents, nous avons fait nôtre leur voix, celle qui exigera alors de nous, avec une intransigeance totale et incontournable, toujours et toujours plus.

Plus tard devenus adolescents, nous nous plongerons peut-être dans une sorte de surinvestissement scolaire pour satisfaire le désir de nos parents d'une réussite meilleure que la leur. Et même si la demande n'a jamais été exprimée directement, notre part inconsciente, elle, aura pourtant bien saisi le message.

Et puis encore plus tard, devenus parents, nous nous voudrons irréprochables et exemplaires afin de sauvegarder ce regard de «bon parent», finissant par nous oublier. Mais à force de tirer sur la corde, à force d'avoir mis de côté nos désirs, nos élans, notre enthousiasme dans cette mise au service des enfants, c'est un beau jour la chute.

Telle une peau de chagrin on se sent comme vidé de sa substance. Comme ces enfants qui se veulent irréprochables et que leurs camarades se permettent de malmener.

Cette jeune maman se souvient de son calvaire à l'école, des réflexions humiliantes et de sa mise à l'écart. Comment, à la cantine, elle se retrouvait toujours seule, rejetée par les autres. « Ils me disaient: "Tu n'as rien à faire avec nous." Je me suis demandé si ça ne venait pas de moi, je me suis même excusée. Je ne sais pas pourquoi. J'ai toujours donné de moi une image de femme raisonnable et sérieuse. Dans mon entreprise je me suis dépensée sans compter pendant des années. Jusqu'au jour où je me suis écroulée. Ça a duré deux ans. C'est long, deux ans. Mais ça m'a appris beaucoup de choses. Notamment que cette vie n'était pas la mienne. J'étais toujours tétanisée par la peur de ne pas être parfaite, ce que je me devais d'être aux yeux de mes parents. J'étais ainsi restée accrochée aux règles qu'ils m'avaient inculquées par fidélité pour eux: ne pas baisser les bras, ne jamais faire d'erreurs. Malgré les années qui avaient passé j'étais toujours la petite fille raisonnable. Mon chemin en thérapie m'a permis de sortir de ces rails tout tracés qui n'étaient pas les miens. Quelle joie de se retrouver ! Ça n'a pas de prix... Et surtout je ne permettrai plus à quiconque de me rabaisser. Ça, ça ne se reproduira plus jamais. »

Il existe aussi ces enfances marquées par l'autoritarisme, où la parole des parents est considérée comme la loi divine. L'enfant a la sensation constante d'un œil tout-puissant braqué sur lui. Les initiatives personnelles sont découragées, l'expression des émotions interdite, les parents étouffent les désirs personnels de l'enfant dans l'œuf et mettent surtout en avant ses échecs et ses erreurs, quitte à même les prédire avant qu'ils ne soient commis.

«Je me sens constamment pris dans un étau qui m'étouffe car je ressens une colère que je n'ai jamais réussi à exprimer. Je suis l'aîné de trois sœurs. J'ai trois ans de différence avec celle qui est juste après moi. Elle me "cherchait" toujours quand nous étions petits. Mais c'était toujours moi qui me faisais punir, car elle savait très bien y faire. Elle faisait ses petits coups en douce et moi, trop spontané, je réagissais en criant et c'est toujours moi qui me faisais punir. Elle s'en sortait à chaque fois. J'en ai ressenti de l'injustice. Alors j'ai essayé de ne jamais rien avoir à me reprocher et je me suis glissé dans le personnage de l'enfant parfait se retenant toujours, ne faisant pas de vagues... Parce que l'on me dit souvent: "C'est toi l'aîné, tu dois montrer l'exemple !" Mais là je n'en peux plus... J'explose au-dedans de moi. Toujours se contrôler, se maîtriser, ça m'est devenu impossible. »

## L'enfant fragile

Peut-être est-ce le costume de cet enfant que nous aurons été contraints d'adopter. Toujours atteint d'un souci de santé, l'enfant fragile va focaliser sur lui toute l'attention et la compassion des siens. Sentant dans le regard de notre mère son besoin de dévotion à notre égard et sa profonde et constante inquiétude à notre sujet, nous aurons fini par répondre à son désir d'être une mère très − trop − attentionnée et à nous y conformer. Nous aurons eu aussi l'illusion, devant la crainte de la séparation du couple de nos parents, que cet enfant accaparant que nous étions pouvait leur permettre de rester ensemble puisque tous leurs soucis étaient focalisés sur nous. Peut-être ainsi oublieraient-ils leurs tourments, et nous nos propres angoisses.

«"Quand on a un enfant fragile les parents ne peuvent pas se séparer": c'est ce que je me suis souvent dit quand j'étais petite. J'y ai tellement cru...

Un peu comme si j'étais une sorte d'enfant "pansement". Et c'est vrai que lorsque j'étais malade, leur inquiétude les réunissait autour de mon lit. Il n'y a que dans cette circonstance ou presque qu'ils ne se disputaient pas et je voyais dans leur regard, tout du moins je le croyais, l'importance que cela prenait. Alors j'étais si heureux.»

Le souci c'est qu'une fois devenus adultes, nous continuerons comme durant l'ancien temps à avoir ce besoin d'être pris en charge, que ce soit dans notre vie affective ou professionnelle. Alors, devant notre manque d'initiatives, que de souffrance accumulée devant les échecs que nous croiserons.

En évoquant ces anciens «enfants fragiles» mes souvenirs vont vers Clotilde. «Je sais maintenant pourquoi je me suis comportée pendant si longtemps comme un tout-petit me disait-elle. J'étais la "petite dernière" et j'ai pris conscience que cela me permettait de réaliser le désir de maman de ne pas me voir grandir. Elle me le disait tout le temps. Je sentais qu'elle se sentait vieillir et que me considérer comme son "bébé", comme elle m'a appelée si longtemps, lui faisait du bien. J'étais un peu l'"assurance-vie" de mes parents, je leur permettais d'arrêter le temps. Mais en subissant la trop grande protection de ma mère je n'ai pas appris à prendre de risques. Vivre dans un cocon ne m'a pas rendu service. J'ai peur des autres, je me compare tout le temps à eux, et surtout j'ai peur de la vie, de ses risques, de toute décision à prendre.»

## L'éternel enfant

Peut-être aussi notre place a-t-elle été celle de l'éternel enfant parce que nos parents supportaient mal de nous voir grandir et de ne plus être leur tout-petit. Nous serons alors devenu celui qui est dominé par le monde de ses impulsions, par sa spontanéité et sa totale insouciance. Celui qui ne grandit pas, qui ne va jamais jusqu'au bout des choses et dont c'est l'entourage qui agit à sa place car il ne peut aller jusqu'à la pleine réalisation de ses désirs. Celui aussi qui aura tendance à ne pas assumer ses échecs et à en rendre les autres responsables, comme le font les tout-petits.

## L'enfant rebelle

Nous opposant sans cesse aux règles familiales, accumulant les punitions à force de transgresser les interdits, turbulent et téméraire, notre entourage nous aura peut-être conduits à devenir un petit rebelle. Face à un entourage au regard trop rigide et trop contraignant, nous aurons choisi la révolte pour essayer de sortir du moule étriqué dans lequel on souhaitait nous faire entrer.

Bien éloigné de l'enfant roi, celui qui tyrannise les siens par manque de limites, c'est au contraire l'autoritarisme de notre entourage, si différent de la juste autorité, qui nous a conduits à résister, à refuser de nous renier face à la rigueur excessive et la toute-puissance éducative reçue. Tel était notre objectif et notre quête incessante : garder intacts nos projets et nos souhaits. Ainsi nous sommes-nous heurtés à ceux qui souhaitaient nous imposer les leurs, sans écoute, sans partage, sans respect de notre personne. Mais le combat était douloureux car il était perdu d'avance et nous ne pouvions guère gagner la bataille face au pouvoir détenu par l'adulte.

Tel est le sort de celui qui, au sein d'une fratrie, passe pour le « mouton noir », l'enfant difficile et dérangeant. Car ces enfants possèdent une profonde sensibilité, un éveil et une grande curiosité qui s'accompagnent bien sûr d'un grand sens critique qui peut bousculer et déstabiliser les leurs. Alors, et c'est le cas des parents que je rencontre, puisqu'ils ont eu l'humilité de venir me rencontrer et celle de se remettre en question, ceux-ci essaient de comprendre leurs richesses et leurs particularités. Mais malheureusement il existe aussi des pères et des mères qui préféreront sauvegarder les règles à imposer contre vents et marées, sans remise en cause ni écoute, toujours au prix de l'épanouissement de l'enfant et de son véritable être. «Il est maintenant beaucoup plus facile à manier, donc tout va bien» et leur discours pourrait s'en tenir à ces quelques mots.

Devant ce manque de reconnaissance, ce regard de déni de tout notre être, existe toujours ce besoin vital de prouver absolument que l'on n'est pas ce que nos parents voudraient que l'on soit. Et de là peut naître le goût de la revanche. Des hommes sonnent ainsi à ma porte. La vie les a façonnés en «combattants», les a installés dans un état de protestation et de revendication constantes, mais c'est la souffrance qui finit par prendre toute la place en eux. Alors un jour, dans un flot de larmes et d'émotions jusque-là retenues comme par un barrage, tout «craque» pour faire sauter ce masque devenu insupportable. Parfois je m'entends leur dire : «Peut-être que derrière ce mur que vous vous êtes construit se cache votre belle sensibilité?» Et quand celui à qui je m'adresse est prêt à l'entendre, les larmes se mettent à couler avec abondance, celles auxquelles il n'avait pas eu accès depuis si longtemps. «Je n'ai jamais été docile, ni facile, mais on a tué mes émotions quand j'étais petit et je suis devenu une véritable tortue à la carapace dure et très épaisse. C'est ma cuirasse de combat», m'a dit un jour l'un d'entre eux.

Bernard Tapie, dans son ouvrage intitulé *Gagner*[1], nous raconte avec intensité l'absence de reconnaissance de son père, au contraire très proche de son plus jeune frère. On sent tout au long de son récit la souffrance de ce petit garçon et le sentiment d'injustice qu'il a toujours ressenti au creux de lui-même une fois adulte. C'est ainsi qu'il décida de se surpasser et de montrer au grand jour sa toute-puissance. Déterminé depuis le plus jeune âge à montrer sa valeur, il ne s'est jamais laissé influencer sur sa route par des regards dépréciateurs. Le sentiment d'injustice, dit-il, « est capable de donner une force incroyable à quiconque… ». Se rebeller représenta pour lui sa façon de se montrer plus fort que ceux qui ne lui avaient pas accordé d'importance. L'enfant délaissé dans le regard de son père a essayé de panser ses blessures à sa manière…

## L'enfant réparateur

Il m'arrive très souvent aussi de côtoyer ces anciens enfants « réparateurs », ces enfants dont les parents les ont transformés, bien souvent sans s'en rendre compte, en leur propre thérapeute. L'enfant réparateur s'est mis sur les épaules la responsabilité de sauver les siens du chagrin, d'un deuil, d'une situation de couple malheureuse. Un peu comme l'enfant modèle, il donnera tout pour n'avoir rien à se reprocher et panser la blessure de ses proches afin qu'ils ne s'écroulent pas. Il se donnera corps et âme pour se montrer à la hauteur.

Alors on finit par s'oublier soi-même. Habitués à endosser le rôle de béquille, nous avons pris l'habitude de prendre soin des autres.

---

1. Bernard Tapie, *Gagner*, Robert Laffont, 1986.

Et si nous ne l'avions pas fait, nous aurions porté sur nous un regard empreint d'un douloureux sentiment de faute. La tâche était pourtant tout bonnement impossible, vouée à l'échec, mais nous avons continué notre vie durant dans ce même processus. Sans doute ignorions-nous que cette tâche ne relevait aucunement de notre vie d'enfant...

Blandine a toujours vécu de la souffrance au sein de ses deux couples: «Je me suis toujours demandé pourquoi je choisissais tout le temps des hommes plutôt déprimés et fragiles. Au début cela m'émouvait, mais peu à peu je réalisais que je les portais et ça devenait de plus en plus lourd et épuisant comme relation pour moi.» Un jour elle fit remonter à la surface la petite fille qu'elle était: la «plus sage» de la maison, toujours «aux petits soins pour eux» comme disaient ses parents. Ils avaient perdu une enfant avant elle. «J'ai toujours cru que je me devais d'être exemplaire pour combler leur peine. Et comme dans leur regard je sentais que je les allégeais, j'ai continué... Ils m'en remerciaient tant. Encore à l'heure actuelle je suis toujours celle qui doit aider les autres...»

Joseph, lors de notre premier rendez-vous, éprouvait la souffrance de cette phase de remaniement intérieur si douloureux où tous nos repères se brouillent et où le bout du tunnel n'existe plus. Désespéré et ayant perdu tout sens de la vie, il se trouvait comme dans une prison. Tout au fond de son puits.

«Quand j'ai rencontré ma femme elle était alcoolique. Mais je me suis toujours dit que je pourrais l'en sortir et j'y ai mis toute mon âme durant des années. J'ai toujours voulu la protéger. Pourtant je la voyais s'enfoncer. Je savais que moi aussi je me noyais avec elle et comme elle n'a jamais souhaité se faire aider, la situation a toujours été bloquée. Mais je ne me suis jamais senti capable de la laisser. Que seraient devenus les enfants? Quand ils rentraient de l'école, leur mère était souvent dans un état second, ou endormie sur le canapé; elle était incapable de s'occuper d'eux. Je me suis même arrangé avec mes horaires de travail pour pouvoir aller les chercher à l'école. Ce qui n'a pas été simple. J'ai tout fait pour l'aider elle aussi. Mais je m'aperçois maintenant que j'étais tout seul à le vouloir. Alors à force de vouloir la protéger contre elle-même je me suis complètement oublié...»

Ce n'est qu'au fur et à mesure du chemin parcouru ensemble que Joseph parvint à relier ce penchant de lui-même à protéger plus qu'il ne fallait les autres. Il prit conscience très doucement qu'enfant c'était déjà lui qui se chargeait de porter non seulement son père, lui aussi pris dans les filets de l'alcool, mais aussi sa maman, dépassée par cette situation insupportable: «Combien de fois j'ai remplacé ma mère pour faire la cuisine, le ménage, alors qu'il ne faisait rien. Et je sentais à chaque fois dans son regard sa reconnaissance pour ce que je faisais. Le sens de tout cela est qu'à trop protéger l'autre, et surtout contre son gré, on s'anéantit peu à peu...

Pourtant et même si cela peut nous surprendre, un regard aimant et gratifiant peut malheureusement perdre sa qualité d'origine. Bien sûr, ce regard est porteur, surtout si on l'a profondément idéalisé. Mais un jour cette image se cognera inévitablement à la réalité de l'existence. Et le jour où nous nous retrouverons confrontés à des regards nuisibles, voire profondément destructeurs, nous ne pourrons même pas y croire. Cela fait pourtant partie de l'apprentissage que nous ne sommes pas tous semblables. C'est le monde du travail, parfois dur et brutal, qui nous fait souvent ouvrir les yeux; qui nous fait parfois brutalement quitter l'illusion d'un monde à l'image de celui que l'on avait jusque-là connu.

Jeanne se souvient du bain de tendresse dans lequel elle a toujours baigné. «J'ai été longue à réaliser que le monde autour de moi n'était parfois absolument pas conforme à ce que j'avais vécu au sein de ma famille et de mon cercle d'amis. Ça a ainsi été un choc quand je me suis trouvée plongée dans mon premier poste. J'avais 20 ans et un profond idéal vis-à-vis des relations humaines. Quand je me suis aperçue du regard dévalorisant et plein de méchanceté que ma responsable posait sur moi, ça a été d'une brutalité intense. Elle faisait pleuvoir des paroles dégradantes sur moi tous les jours et j'en suis sortie diminuée, jusqu'à en tomber malade. Pour moi, c'était comme si deux mondes se côtoyaient: celui que j'avais connu et celui du dehors. J'arrive peu à peu maintenant à réagir dans ces situations, mais j'ai beaucoup souffert avant d'y parvenir.»

Pour nous retrouver il va nous falloir quitter ces regards aux mille facettes qui nous ont entourés avec intensité. Car notre plus grand risque est bien de finir par nous identifier aux personnages qu'à travers eux nous nous sommes façonnés. Il va falloir nous embarquer dans l'aventure de la quête de soi pour enfin porter ce *regard juste* sur l'être vrai que nous sommes et ne plus trahir notre réalité intérieure. Une fois commencée, cette quête de vérité ne s'arrêtera plus, jusqu'à notre dernier souffle.

Comme «une poussée obscure qui demande à venir au jour[1]», cette ouverture adviendra pour certains doucement, sans qu'ils s'en rendent véritablement compte. Au contraire, la percée se fera pour d'autres si brutalement qu'ils auront de la difficulté à le réaliser. Peu importe, notre regard ne sera plus le même… sur nous, sur les autres, sur la vie… Mais ce sera notre propre regard.

---

1. Charles Juliet, interview sur YouTube, 15 novembre 2015.

## PARTIE IV

# Pour retrouver un regard de bienveillance envers soi et envers les autres

Chapitre

# 8

# Les voies qui s'offrent à nous

*«Accepter d'être qui je suis et permettre que je me montre tel quel à l'autre,
c'est la tâche la plus difficile que je connaisse»*
*(Carl Rogers[1]).*

Il ne tient qu'à nous de retrouver cette liberté d'être soi et de parvenir à poser sur nous un regard de transparence. Celui qui nous libère du poids des jugements, qui nous conduit aussi à parler, à agir et à penser sans masque, en choisissant notre vie sans crainte de la réprobation. C'est cet éveil à nous-mêmes, ces traversées intérieures vers l'écoute profonde de tout notre être, qui nous y conduiront. Pour y parvenir, tels des «chercheurs d'éveil», il nous faudra prendre notre bâton de pèlerin et emprunter certains chemins.

---

1. Carl Rogers, *Le Développement de la personne*, Dunod, 1972.

## Savoir doser naïveté et méfiance

Pour que nous parvenions à atteindre la juste voie, il nous faudra trouver le juste dosage entre ces deux extrêmes que sont la naïveté et la méfiance. Quitter les illusions d'un idéal parfois excessif qui nous aura amenés à donner tout de nous-mêmes, sans filtre aucun et dans un état d'entière ouverture sans la discrimination et la réflexion nécessaires. Cette forme de naïveté qui amènera les personnes mal intentionnées à notre égard à abuser de la confiance entière que nous accordons à tous ceux que nous côtoyons. Quitter aussi à l'autre bout cet excès de prudence qui conduit à un état de qui-vive continuel face à toute relation, alors faussée par le sentiment de suspicion qui nous habite et transforme tous les autres en ennemis potentiels.

Ce juste dosage est difficile car nous basculons tous tantôt d'un côté, tantôt de l'autre. Mais nous ne pouvons y échapper et nous devons y prêter une attention plus ou moins constante car, en fin de compte, il s'agit du regard que nous portons sur les autres. Alors, amis toujours ou… ennemis toujours ? Pour ma part c'est au sein de mes rencontres en maisons d'arrêt que j'ai appris à faire la part des choses et à ne pas accorder une trop grande confiance à des êtres dont le but est d'en profiter à notre plein détriment. Là m'a été enseigné à distinguer la juste confiance et la méfiance protectrice.

Comme je l'ai exprimé dans mon premier ouvrage[1], lorsque je soupçonnais une manipulation, il m'est arrivé d'attendre patiemment, au fil des entretiens, que mon pressentiment se confirme ou non. Face à ces êtres profondément manipulateurs aucune remise en question

---

1. Muriel Mazet, *Des mots pour vivre*, Desclée de Brouwer, 2000.

ne semble malheureusement possible, et j'ai expérimenté que je pouvais être utilisée comme passeport de bonne conduite pour un futur jugement devant un tribunal. Ces personnes n'avaient aucune motivation réelle mais attendaient uniquement un papier prouvant qu'elles étaient passées « chez le psy ». Dans ce cas ma confiance ne pouvait être au rendez-vous, mais ce sont ces riches expériences qui m'ont enseigné à ne pas plonger dans une utopie naïve ou un optimisme excessif.

Pour d'autres, bien au contraire, je m'apercevais que la manipulation ne représentait qu'une première attitude, un test en quelque sorte, chez une personne qui avait malheureusement été bafouée et trahie par l'existence et pour qui instaurer la confiance à mon égard prenait du temps. Un peu comme si elle devait apprivoiser notre relation avant de se risquer à un lien authentique, éprouver la confiance qu'elle pouvait m'accorder face au danger avant de se montrer enfin vraie. C'est ainsi que, un beau jour, Michel bascula et sauta le pas. Il osa. « Je me sens si nu », parvint-il à m'exprimer quittant peu à peu ses anciens masques. Ce sont tous ces échanges qui me permirent à chaque fois d'avoir la confirmation qu'il nous est essentiel de rester vigilants quant à la bonne mesure entre naïveté et méfiance, celle qui permet de conserver le respect envers soi et qui évite bien des souffrances.

« Je viens juste pour voir qui vous êtes, me dit un jour Hervé. Vous savez, je n'aime pas les psys. Je prends un grand risque en venant ici, et je crois bien que je le regrette déjà. Avec tout ce que j'ai vécu, tous ces adultes qui m'ont rejeté, j'ai la haine. L'envie de me venger sur tous les autres. Alors si vous

arrivez à me faire changer d'avis, chapeau ! Mais ça, ça m'étonnerait... »
À la suite de ce premier contact, je m'interrogeai : Hervé allait-il rester sur
ses gardes, selon le système de protection qu'il utilisait depuis l'enfance, ou
bien allait-il essayer la confiance ? Il me jaugeait et je me demandais si, du
haut de sa méfiance, il allait tout faire pour m'amener à le rejeter comme
d'autres l'avaient si souvent fait dans sa vie.

Ce n'est que petit à petit qu'Hervé réussit à abandonner cette méfiance
envers les autres et à accepter que l'on lui accorde un minimum d'amour
et de considération. Il parvint même à sortir du cycle infernal de la drogue
et je sais qu'il a retrouvé un peu de sa lumière en se dégageant de sa trop
grande suspicion.

« Chat échaudé craint l'eau froide », dit-on. Tout comme l'être
humain ayant connu des relations douloureuses aura tendance doré-
navant à se méfier, parfois de manière excessive. Lorsque nous
sommes arrivés ici-bas, nous n'étions qu'ouverture confiante à ce
monde qui nous accueillait. Mais si cette confiance n'a pas été
honorée, la méfiance a pris sa place. Car notre plus grand désir est
bien d'être acceptés tels que nous sommes. « Être honoré dans son
être », dirait la psychologue Marie de Hennezel.

Il est des jours où cet équilibre subtil est difficile à trouver. Entre
entretenir le lien à l'autre en toute confiance en construisant avec
lui des ponts plutôt que des murs, ou en le fuyant systématiquement pour s'en protéger. Il nous devient alors difficile de choisir
entre une générosité excessive et se construire une cuirasse quand la
peur est au rendez-vous. On m'a dit un jour une bien jolie chose :
« Avant j'étais un vrai hérisson ; toujours en alerte, toujours sur le
qui-vive, dans l'attente d'une agressivité de la part de l'autre. Mais

j'ai tant changé… Et le savez-vous ? Si le hérisson est connu pour sortir ses piquants, il possède aussi, quand on le retourne, une peau toute douce et rose… Je suis comme ça moi aussi. Je sais maintenant qu'en dessous de mes piquants il y a, bien cachée, une immense douceur… »

## Démêler le vrai du faux

Il nous faut alors apprendre à démêler le vrai du faux. Savoir reconnaître les regards qui se veulent bienfaiteurs mais qui ne sont en réalité que manigances. De la plus petite, comme au sein d'un couple en crise, où l'un des deux a besoin d'un menu service alors qu'aucune phrase agréable n'a été prononcée depuis des jours – « Oh je savais bien que je pouvais compter sur toi… Tu as si bon cœur, tu es si généreux » – à la plus nocive dans le cas de la manipulation perverse. Car autant la méfiance peut représenter une protection face à des situations destructrices, autant la trop grande spontanéité peut faire souffrir.

Quand Brigitte s'est assise pour la première fois face à moi, j'ai tout de suite été surprise par sa spontanéité et sa fraîcheur qui ne l'avaient jamais quittée malgré les blessures de l'existence. Elle me confirma bien vite que cela faisait pleinement partie d'elle-même et que, petite fille, elle avait déjà en elle ce côté vif, alerte - trop du reste - et épanoui. « On me disait que je devais tourner sept fois ma langue dans ma bouche avant de parler car je pouvais gaffer quelquefois. J'étais très ouverte aux autres et l'on me disait extravertie. J'avais tant confiance dans les adultes que je ne prenais pas la juste distance et je me comportais ainsi avec tout le monde. Mais la vie m'a appris à le faire car j'ai eu beaucoup de désillusions. Mon premier compagnon s'est servi de mon enthousiasme pour m'écraser, il me coupait systématiquement la parole, de façon très humiliante la plupart du temps. Peu à peu les barrières que j'ouvrais toutes grandes, comme mon cœur, car j'aimais tout le monde, se sont refermées. La peine, mes blessures se sont accumulées en moi et je suis devenue méfiante. L'opposé de la véritable personne que j'étais. J'ai appris la retenue, mais de façon excessive. »

Matthieu, du haut de ses 60 ans, se souvient quant à lui du chemin parcouru pour dépasser sa « trop grande tendance à la suspicion », comme il l'exprimait. Mais la vie ne lui avait pas fait de cadeau. « Dès le collège j'ai été la cible de mes camarades qui me trouvaient efféminé et m'attribuaient les adjectifs le plus humiliants possible. J'avais le malheur d'aimer la danse et je l'ai payé cher durant des années. Alors je me suis replié pour éviter ces regards destructeurs et je suis devenu complètement introverti. Je ne racontais plus rien de moi à personne. Déjà petit il m'était difficile d'aller vers les autres, mais avec ce que j'ai reçu comme hostilité, et plus tard dans mon milieu professionnel, cela n'a fait que s'accentuer. »

Il nous est vital de trouver cette juste ouverture à l'autre, entre le regard plutôt candide que l'on peut poser sur lui, celui qui spontanément nous habite enfant mais que la vie nous apprend à modérer selon les circonstances, et un retrait excessif qui nous fait tout autant souffrir.

# Ressentir, s'émouvoir, éprouver

*«On a deux vies, et la deuxième commence
quand on se rend compte que l'on en a qu'une»
(Confucius).*

## L'émerveillement

Pour sauvegarder un regard positif et approprié sur soi et sur tout
ce qui nous entoure, nous devons toujours garder les yeux emplis
d'un étonnement émerveillé. C'est grâce à lui qu'il nous est permis
de résister malgré les drames qui nous entourent, de dépasser les
barrières de l'impossible, comme ces herbes sauvages qui, malgré le
béton des villes, malgré le dépouillement des déserts, parviennent,
avec une énergie colossale, à pousser coûte que coûte et contre vents
et marées. Certains plus que d'autres aiment à cultiver cette aptitude
à l'enchantement, celui qui émerge au cours de ces instants où la
lenteur et le silence dominent. Ce ralenti qui permet au regard de
se désencombrer. Cet émerveillement qui sait prononcer un oui
authentique à ce qui est grâce à cette disponibilité intérieure et cette
totale capacité d'ouverture pour simplement sentir l'existence, ici et
maintenant, présente et vibrante ; qui permet de «saisir la présence
des êtres et des choses[1] ». Car «le voyant porte sur le monde un
regard qui l'éclaire[2] ».

C'est encore l'émerveillement qui nous permet de voir la beauté
dans le minuscule même. Car nul n'est besoin de parcourir l'univers

---

1. Belinda Cannone, *S'émerveiller*, Stock, 2017.
2. *Idem.*

pour la trouver : elle est bien souvent là, sous nos yeux, pour peu que nous les ouvrions tout grands. Encore faut-il que nous souhaitions ôter une à une les écailles qui les recouvrent et qui finissent par embrumer notre perception des choses… L'émerveillement est une «surprésence», cette «capacité de se tenir dans un état de présence extrême au monde, qui le fait advenir dans son éclat[1]».

## S'ouvrir aux coïncidences

Entrer en émerveillement, c'est aussi entretenir notre capacité à nous ouvrir aux coïncidences, ces «hasards» comme on les nomme aussi, ou encore ces synchronicités comme les nommait le psychanalyste Carl Gustav Jung, et les recevoir les mains ouvertes. Comme le dit si joliment Didier Decoin : «On dirait que les anges n'ont jamais le temps de rien. On a intérêt à les comprendre du premier coup : ils ne répètent jamais[2].» Oui ces petits «hasards» sont si rares… mais si précieux quand on a appris à renoncer à tout comprendre, à tout savoir, et à voir comme un privilège ce qui relève parfois du mystère, ou de l'incertitude. C'est à travers eux que la vie et le regard sur soi peuvent parfois se trouver transformés, souvent brutalement car on n'attend pas ces sortes de «petits miracles».

Camille m'en apporta un jour un témoignage bouleversant. Abusée dans son enfance par un voisin de ses parents, cette petite fille avait gardé bien au creux d'elle-même et dans la plus grande solitude son secret.

---

1. Belinda Cannone, *op. cit.*
2. Didier Decoin, *Jésus le Dieu qui riait. Une histoire joyeuse du Christ*, Stock, 1999.

«J'ai fini par vouloir en finir avec la vie à l'âge de 12 ans. Un jour, alors que j'étais à la pêche avec mon père, j'étais bien décidée à sauter du bateau tellement je souffrais ; la vie ne valait plus la peine d'être vécue, j'avais trop mal. C'est à cet instant que mon père a hurlé car il avait un énorme poisson au bout de l'hameçon et qu'il fallait que je l'aide. Tout mon plan a basculé en un instant. Après ce n'était plus la même chose en moi. Depuis ce jour, vous voyez, je crois aux phénomènes qui nous dépassent et je m'en émerveille chaque jour. Depuis aussi le regard des autres me paraît secondaire face à tout cela. »

Oui, avoir confiance en cette étrange conspiration de l'univers tout entier et en ces mains que la vie nous tend au bon moment sur notre chemin… Cela fait partie de ces instants de grâce qui nous étonnent parfois par leur fulgurance. Le rayonnement d'un être s'aiguise bien souvent aux épreuves de la vie et nous empêche d'être comme un trou noir qui absorbe la lumière sans la renvoyer et l'offrir au-dehors. Et ces épreuves «ouvrent au vivant, d'un seul coup comme on peut ouvrir un fruit[1] ». Alors notre noyau véritable se révèle. Mais à nous pour cela d'oser plonger dans notre vie intérieure. Comme le fit Marie qui me dit, un jour que la tempête s'était apaisée en elle : «Quand j'arriverai au paradis, je pourrais dire à celui qui m'accueillera quel drôle de chemin il m'a fallu prendre pour arriver jusque-là ! J'étais au bord du gouffre ; j'avais l'impression de devenir folle. Alors j'ai sauté… et au lieu de mourir, ça a été la naissance de ma vraie personne, loin des apparences, des "il faut" et des "je devrais" qui m'ont tant empoisonné la vie. Je sens que

---

1. Christian Bobin, *La Merveille et l'Obscur*, La Passe du vent, 1999.

c'est ma "petite voix" qui m'a conduite vers tout cela. Mon "for intérieur" comme on l'appelle aussi. »

## Redécouvrir la joie

Il nous faut accéder à la joie et opter pour une vision positive de la vie malgré les écueils parfois ô combien douloureux qu'elle nous apporte. Avec le sourire qui en fait partie, tout comme son frère le rire qui se propage autour de nous, véritable cadeau pour ceux qui nous entourent. Ce rire qui est pour nous une leçon d'humilité, car il nous apprend à ne pas nous prendre trop au sérieux.

Ce matin me lever n'a pas été chose facile. C'est le plein hiver, et je n'ai pas la chance – la sagesse – de pouvoir hiberner comme certains animaux. Il fait encore nuit dehors, mais, chose étonnante, un oiseau s'égosille ! La musique des petits moineaux résonne. Et je m'émerveille encore une fois de la puissance de leurs sons capables de se frayer un chemin dans un corps si frêle. Cette musique habite aussi notre corps, tout aussi fragile… Pendant de longues minutes le chant de ces moineaux me semble surréaliste au cœur de l'obscurité hivernale. Cadeau de la journée ! Message plein d'enseignement aussi : l'oiseau joyeux n'a que faire du noir qui l'entoure. Le jour va se lever… Leçon de vie…

Alors je suis restée immobile. Le charme se serait rompu si j'avais ouvert mes volets. Verre à moitié vide, verre à moitié plein… À nous d'éviter ce pessimisme qui nous empêche d'aller de l'avant, alors que l'optimisme nous permet bien au contraire de vivre des moments gais et légers, des plaisirs passagers, sans crainte qu'ils ne s'arrêtent. Et puis si nous avons la chance d'être en bonne santé, pourquoi ne pas nous émerveiller de notre corps, cette minutieuse horlogerie qui minute après minute effectue son labeur du bout de nos orteils jusqu'au sommet de notre crâne. Si discrètement et dans l'ombre que l'on ne le réalise pas, sauf quand une complication intervient.

Et puis écoutons les tout-petits, nos maîtres en matière d'authenticité, dégagés qu'ils sont de tout regard contraignant. Avec leurs «pourquoi» ils nous dérangent, nous bousculent dans nos vérités toutes faites. Pourtant ce sont bien eux qui gardent leur regard tourné vers l'essentiel. Avec leurs innombrables questions sur la vie, la mort, l'immortalité, le bonheur, ils nous ouvrent un espace bien éloigné du savoir uniquement intellectuel qui, quand il est coupé du reste, nous sclérose et nous dessèche. Dans un ouvrage Frédéric Lenoir nous transmet ces mots d'enfant : «Quand j'étais petit je râlais souvent et maintenant quand je réfléchis je comprends qu'il ne faut plus toujours rouspéter car j'ai tout ce qu'il me faut, j'ai des parents, je ne suis pas pauvre. Alors pour moi le bonheur c'est juste d'être, d'exister au monde[1].» Et pourtant ce sont ceux de Julien. Il n'a que 7 ans ! Quelle leçon !

Il est si bon de retrouver l'audace de réaliser certains de nos rêves. D'accoucher de cette créativité que nous possédons tous mais qui semble s'être endormie ou que l'on croit avoir définitivement perdue, ou même n'avoir jamais possédée. «Une création c'est un tableau, une maison, un jardin, un vêtement, une coiffure, une symphonie, une sculpture et même un plat préparé à la maison[2]»

---

1. Frédéric Lenoir, *Philosopher et méditer avec les enfants*, Albin Michel, 2016.
2. D. W. Winnicott, *Jeu et Réalité. L'espace potentiel*, Gallimard, 1975.

disait Winnicott. C'est ainsi tout ce qui demande à venir au monde. Tout comme ce qui se révèle dans la grâce du jeu chez l'enfant lorsqu'il met en scène son univers intérieur et le façonne à son image. Tout «farfelu» idéaliste, et considéré comme tel, tout créateur d'un projet quel qu'il soit s'est parfois révélé un visionnaire… Un visionnaire qui ne s'est pas pour autant arrêté en chemin malgré le regard étonné ou empli de critique et de réprobation porté sur lui.

## S'accepter, consentir à nos fissures

S'accepter et consentir à nos fissures fera aussi partie de l'aventure et nous permettra de dépasser le surcroît d'importance que nous donnons à ce que pensent les autres. Car en s'acceptant fragile, en portant sur soi un regard compatissant, en sachant que notre besoin d'être aimé ne pourra jamais combler l'amour de soi, l'impact des autres sur nous diminuera. Et le respect que l'on se portera en découlera.

### Le droit à sa différence

Tout comme consentir aussi à se donner le droit à la différence, comme nous devons de la même manière l'accorder aux autres. «Ta réalité est différente de la mienne et je peux ne pas l'aimer. Mais j'accepte que ta réalité soit juste aussi réelle pour toi que la mienne pour moi. Et par conséquent je veux te donner de l'espace, je veux t'entendre», dit Ruth Sanford.

Nous avons tous besoin de l'apport de chacun. À nous tous nous formons un magnifique tissu, même si souvent ses fils se séparent ou s'entremêlent. Il est si douloureux de se sentir «à part», au cœur de l'isolement et de l'incompréhension, ces jumeaux qui abîment progressivement et profondément. Hans Christian Andersen raconte ce magnifique conte du vilain petit canard qui de par sa trop grande différence physique d'avec ses frères est le jouet de leurs moqueries, de leurs attaques et humiliations. Il est l'étranger qui se sent en marge car il ne fait pas partie du clan. Il porte la honte. Celle de la différence qui fait si mal. Alors un jour il décide de s'enfuir et reste seul durant de longs moments. Jusqu'au jour où, au cours de son voyage dans le monde, il rencontre des oiseaux en tout point semblables à lui. Il réalise soudainement qu'il n'est pas seul. Ce qu'il croyait être une tare chez lui, il le retrouve chez ces oiseaux… Car il n'avait rien «d'anormal» mais était tout simplement un magnifique cygne. Du vilain canard avec l'insupportable sentiment de différence et d'exclusion qu'il vivait, il était devenu la beauté majestueuse qu'il admirait auparavant chez les autres.

Lorsque nous nous sentons trop différents, peut-être avons-nous aussi tendance à oublier que nous faisons partie des cygnes. Que ce n'est pas notre propre valeur qui doit être remise en cause mais tout simplement notre juste place qui est ailleurs… Et pour éviter l'angoisse du spectre de la différence il nous faut porter notre réflexion sur cette toute première clé : éviter les pièges de la comparaison. Car il y a toujours mieux que soi, mais aussi toujours moins bien. Et à cet instant tout système comparatif n'a plus aucun sens et n'a aucunement plus lieu d'être.

> Nous avons traversé Ségolène et moi les vagues de solitude qui la submergeaient : « Je me sens si différente des autres femmes... Marginale. Anormale. Toutes mes amies ont des enfants. Moi je n'en ai jamais voulu. Je peux vous l'avouer à vous, même si j'en ai tellement honte, si vous saviez... Je ne me sens pas l'instinct maternel du tout. Je ne l'ai jamais eu. Je n'aimais déjà pas jouer à la poupée quand j'étais petite. Je préférais jouer dehors ou lire. Ma sœur a deux enfants, et avec elle aussi je me sens très différente. Dans les rencontres entre femmes elles parlent beaucoup de ce sujet ; enfants ou petits-enfants ça fait partie des conversations de tous les jours. Je me sens à l'écart, comme si je faisais partie d'une autre planète. Je sais que ça fait pleinement partie de moi, mais je ressens en même temps une immense souffrance face à ce fossé qui me coupe des autres femmes et que je vis comme une anomalie... Je ne sais même pas si vous allez réussir à me comprendre. »

Ségolène a pu un jour comprendre que nous sommes exactement là où nous devons être pour accomplir une tâche spécifique et unique car chacun de nous a sa part à apporter avec les atouts de sa personnalité sous une forme ou sous une autre. Et que ne pas mettre au monde un enfant et ne pas en avoir le désir n'ôte en rien l'accouchement qu'une femme peut accomplir sous tant de formes diverses : musique, écriture, danse, jardinage, cuisine, chant, broderie, couture, etc., la liste est longue et ne connaît pas de fin.

Peu à peu Ségolène a accepté cette part d'elle-même qui lui procurait tant de honte. Peut-être en se débarrassant du jugement qu'elle portait sur elle et qui lui faisait si mal. Peut-être aussi grâce à la lecture d'un ouvrage que je lui avais conseillé, *Le Conflit. La femme et la mère*[1], dans lequel Élisabeth Badinter met en avant l'idée que

---

1. Élisabeth Badinter, *Le Conflit. La femme et la mère*, Flammarion, 2010.

toute femme, quoi que l'on dise, ne réagit pas de la même façon face à la maternité. Ségolène prit conscience que chacun possède sa place, ses pensées, sa perception des choses bien au-delà des « ce qui devrait être ». Tout comme Martin, horloger, dont le langage était si imagé : « Quand on regarde une horloge démontée, il y en a des pièces différentes ! À tel point que l'on pourrait se dire en les voyant répandues les unes à côté des autres qu'il semble impossible d'en faire un tout. Et pourtant… C'est pareil pour nous. On a chacun notre rôle à jouer, même le plus déroutant au premier abord, pour faire partie du grand tout et y jouer le rôle qui nous est assigné. »

Nous portons notre différence depuis la naissance ; c'est elle qui nous définit et nous distingue de tout autre. Il est ainsi bien rare qu'au sein d'une famille frères et sœurs soient des copies conformes. Chacun porte au contraire sa différence face aux autres membres de la fratrie. Il est parfois difficile pour certains parents de s'adapter à chacun d'entre eux tant ils semblent si étrangers à ce que l'on attendait d'eux. Pour chaque enfant il nous faut déjà au cours des ans traverser tant de périodes d'évolution, mais aussi nous ajuster aux incontournables distinctions spécifiques plus ou moins marquées d'un enfant à l'autre. Pour peu que le premier ait correspondu à nos souhaits, quand arrive le second, au contraire vif et rebelle, tout est remis en question quant à nos valeurs de père ou de mère : « Elle était si facile. Mais son frère alors lui… Il fait des colères, il est dans la lune, il est explosif, etc. » Chaque fois l'on doit se remettre au travail et s'ajuster à la personnalité propre de chacun… On se remet à l'ouvrage… Car le « métier » de parent est bien celui qui représente pleinement l'école de l'adaptation au nouveau, à la différence.

## Accepter la différence de l'autre

Chacun nous portons notre couleur d'être. Mais au-delà de tous nos écarts, de nos fossés, nous sommes amenés à nous côtoyer. Et là les choses peuvent devenir difficiles et nos dissemblances nous amener à nous éloigner des autres qui peuvent même nous faire peur. Peur de l'« étranger ». De celui dont le physique, les idées intellectuelles, politiques, religieuses ou spirituelles ne ressemblent pas aux nôtres. Peur aussi de cet être qui possède une part d'inaccessible. Alors pour nous protéger et fuir notre sentiment de fragilité devant toutes ces disparités, deux voies s'offrent à nous : soit tomber dans le jugement intolérant, soit faire le choix de chercher en l'autre si différent une source d'enrichissement, celui que nos complémentarités permettent. Car chacun de nous joue sa partition dans la vie tel chaque instrument d'un orchestre pour se fondre dans le tout. Pour cela il nous faut parfois dépasser les conventions et prendre des destinations imprévues afin de sauvegarder la personne que nous sommes réellement.

Du haut de ses 14 ans, mais déjà en classe de première, Anne-Laure ressent un profond mal-être. Quelques jours plus tôt elle a dû brusquement quitter son lycée, accablée par un véritable état de terreur. Elle se sent incapable d'y retourner. Précoce, elle a très tôt sauté une classe et se sent ainsi en décalage depuis des années avec ses camarades. Elle remet également en question la route toute droite que ses parents et l'école semblent vouloir qu'elle prenne. En l'écoutant, j'ai la sensation, devant la grande richesse de la maturité de cette jeune fille, d'entendre le discours d'une jeune adulte pleinement consciente de ce qui se passe en elle.

«Ce qui génère ma panique, c'est que je me sens tiraillée entre ce qui est vital pour moi - faire une pause - et ce que l'on me dit de faire. Coincée entre l'inquiétude de mes parents, que je comprends, et le lycée qui ne prend pas au sérieux ma peur et qui m'a même collée pour mes absences. Pourtant je sais que je me pose les bonnes questions, que je dois m'arrêter pour reprendre mon souffle. Je sens une pression infernale de mes parents, paniqués par ma situation et qui me disent qui je vais gâcher mon année, et du lycée, qui veut que je sois dans les rails. Mais ce ne sont pas les miens. Depuis le début du collège j'ai l'impression de faire un marathon et je n'en peux plus. Je me sens tellement différente aussi. Mais il faut bien que j'assume cela. »

Anne-Laure s'est progressivement apaisée. Elle a repris confiance en son projet en gardant les deux pieds bien sur terre : non elle ne souhaitait pas «tout arrêter», comme certains adolescents. Elle acceptait raisonnablement de retourner au lycée, mais après le temps d'arrêt qui lui était nécessaire, quitte, dit-elle, «à redoubler» : «Pour moi ce ne serait pas un problème.» Ses parents finirent par comprendre sa démarche et prirent conscience que cette période de son existence ne pouvait que l'enrichir et nourrir la quête existentielle de cette jeune fille particulièrement mature et à la recherche d'elle-même et essayant de s'accomplir dans sa différence aux autres.

Je reçus régulièrement des nouvelles d'Anne-Laure et elle redoubla en effet sans souci. Le cap du doute dépassé, cette expérience lui avait en fin de compte appris à aller au bout d'elle-même, malgré sa différence. Ceci à l'aide de l'accompagnement de ses parents et de leur compréhension. Cette expérience lui avait aussi enseigné le courage d'être pleinement à sa propre écoute au-delà de ce qu'elle

« aurait » dû faire ou être et à se poser les justes questions, même si cela avait été source de douleur. Elle avait choisi à 14 ans d'oser s'aventurer hors des chemins balisés. Elle avait également appris à faire le tri dans les conseils que chacun autour d'elle et en fonction de sa vision de l'existence avait cru bon de lui donner.

## Dépasser le qu'en-dira-t-on : le privilège de l'âge

« Gardez vos bons conseils ! Je sais me tromper tout seul ! » est une phrase que j'ai gardée en mémoire tant elle me semble pleine de sagesse. Car s'il existe de précieuses mises en garde, il en existe aussi qui peuvent nous couper les ailes et nous stopper dans nos élans. Pour accepter notre différence il nous faudra dépasser le qu'en-dira-t-on. « Il est plus facile de briser un atome que de briser un préjugé », disait Albert Einstein. Cette magnifique leçon de sagesse peut nous être offerte, avec le grand âge, quand enfin on se donne l'autorisation d'aller droit au but et d'oser la vérité.

Interrogé sur ses personnages, Éric Emmanuel Schmitt en parle ainsi au cours d'une interview : « [...] ils survolent les tabous, les convenances, la bienséance ; la bien-pensance, osant proférer ce qu'ils croient et se moquant des préjugés[1] ». Ces mots vont si bien aussi aux personnes ayant atteint la grâce de leurs nombreuses années... C'est à cette saison de l'existence que l'on apprend à effectuer sa propre évaluation sans se borner à écouter uniquement les rumeurs du dehors. Car ce sont elles qui finissent par rendre notre propre pensée confuse et envahie par l'embarras. Construire nos propres directives pour obtenir le bonheur et la paix n'est-il pas beaucoup

---

1. Catherine Lalanne et Florence Monteil, « L'âge m'a toujours paru un garant de la liberté », *Notre temps*, 8 juin 2017.

plus profitable que de s'en remettre uniquement à quelques recettes ou remèdes miracles venus de l'extérieur ? Et n'est-il pas plus sage d'ouvrir en nous un espace de questionnement pour essayer d'atteindre ces états d'être en réelle profondeur ?

Introvertis et extravertis font eux aussi partie de ces catégorisations. Et chacun d'eux à leur façon peut faire partie de cette sorte de discrimination. Il n'est en effet pas forcément facile à notre époque d'être tourné vers notre intériorité, sans pour cela se couper bien sûr de nos liens humains. Et ce mode d'être ne fait pas partie du modèle dominant actuel : tout doit être vu, regardé, entendu, partagé de diverses façons. Même au cœur de notre famille cela peut être mal perçu et source de souffrance. Tout comme l'extrême sensibilité à fleur de peau qui peut nous habiter et nous donner le surnom d'« écorché vif », en dépit du beau et riche sens artistique et relationnel qui en fait partie.

Oui, le regard extérieur pèse bien lourd dans la balance. Le physique, qui « attire l'œil » d'emblée conduit à classer et à évaluer l'autre, jusqu'à l'exterminer parce que la couleur de ses cheveux n'est pas le blond. Et il n'y a pas d'époque pour cela, même si au cours de l'histoire cela a été exacerbé à travers les atrocités que nous connaissons tous. Nous savons combien l'être humain peut se montrer inventif pour séparer le monde des « normaux » de ceux qui n'en font pas partie. Jeunes et vieux, homosexuel ou non, rattachés à une religion minoritaire… Pourtant au-delà de ces étiquettes existe un être qui vit, ressent, vibre ou pleure.

Mon travail en centre d'aide par le travail (CAT), aujourd'hui appelé établissement médico-social de travail protégé (ESAT), m'a permis de toucher les espaces profonds et délicats de ces êtres que l'existence a pu considérer comme inaptes à suivre le cours «normal» des choses et à qui ces centres offrent une insertion ou une réinsertion professionnelle et sociale. Mon souvenir va vers Denise, cette jeune femme qui s'était emmurée dans son monde dans lequel j'essayais en toute humilité d'entrer. Ses fondations intérieures n'avaient pu se construire dans son enfance et leur sol était si friable qu'elle en était arrivée à vivre dans un état d'angoisse majeure et qui par moments l'envahissait tout entière. Denise pouvait alors devenir violente quand elle se sentait submergée. Toute nouveauté, si infime soit-elle, lui était intolérable, comme le jour où nous remplaçâmes une de ses jupes particulièrement usée. Mais la couleur et le tissu n'étant pas identiques, Denise entra alors dans une de ses «crises» dont l'ampleur pouvait se montrer impressionnantes. Cependant, elle pouvait tout autant, quand elle éprouvait de la joie (et je crois que nos rencontres lui en procuraient parfois), se montrer tout aussi impulsive et me serrer de toutes ses forces pour m'embrasser.

Aller au-delà des apparences et comprendre l'être dans son ressenti le plus profond, n'est-ce pas là que réside l'essentiel? Car la vraie beauté, celle qui ne se donne pas à voir au premier coup d'œil, demande un regard d'une grande acuité qui doit chercher au-delà pour y trouver ce qui se cache derrière. Et bien souvent il y perçoit la présence intacte d'une magnifique humanité. Ils sont si nombreux les hommes que l'on a pu dire diminués parce qu'ils sortaient de la norme de par leur handicap mais qui ont pourtant pu rebondir: Beethoven était atteint de surdité, Louis Braille était aveugle…

Mais finalement, lequel d'entre nous, malgré sa bonne volonté, ne s'est-il pas fait prendre au piège d'une critique face à une couleur de cheveux originale ou un vêtement sortant un peu de l'ordinaire? J'ai ainsi pu échanger avec cet homme qui s'est retrouvé à la rue après une longue période de chômage : « Ce qui était le plus avilissant pour moi, c'était de croiser tous ces regards qui en disaient long à chaque fois. Il y avait les personnes apeurées devant la réalité dérangeante que je représentais et qui m'évitaient ; ceux dont les yeux étaient pleins de pitié. Et il y avait aussi ceux qui changeaient de trottoir. Ça j'ai vraiment eu le temps de l'observer durant tous les moments passés dans la solitude. » Oui lequel d'entre nous n'a pas été pris dans le piège de tels regards quand on touche à la différence ?

## Se donner le droit à l'erreur

Se donner le droit à l'erreur fera aussi pleinement partie de notre aventure, tout comme nous apprendrons à nous dégager des préjugés, des idées toutes faites et de l'illusion de posséder la vérité. Car c'est bien tout cela qui entraîne la division. « Il n'y a que les imbéciles qui ne se trompent jamais ! » Ces mots pleins de bon sens nous font toucher de près la noble humilité que nous pourrions nous attribuer dans un état de simplicité tout naturel. C'est également avec cette belle indulgence envers nous-mêmes que nous devenons capables de nous accorder ce pardon que nous pourrons ensuite accorder aux autres : car « Charité bien ordonnée commence par soi-même », comme le dit le proverbe plein de sagesse.

« Pardonner, c'est renoncer à la haine et au ressentiment pour les remplacer par la bienveillance et la compassion. C'est aussi briser le cycle de la vengeance[1]. » C'est sortir de cette haine qui, quand elle

---

1. Christophe André, Alexandre Jollien et Matthieu Ricard, *Trois Amis en quête de sagesse*, L'Iconoclaste/Allary éditions, 2016.

est entretenue, amène la souffrance. Et c'est en la dépassant qu'enfin l'on parvient à se libérer de ce mal qui nous rongeait peu à peu. Ce mal dont Gandhi a si bien parlé quand il disait qu'à suivre le principe «œil pour œil, dent pour dent» il ne resterait plus qu'un monde aveugle et édenté…

Les êtres qui ont chuté ont appris à travers leur souffrance la notion d'humilité. Tomber représente ainsi une immense leçon, la chute une puissante renaissance que ceux qui viennent vers moi ne soupçonnent souvent pas dans les premiers temps. Il en est ainsi de la dépression : «La dépression est un bon signe. C'est la vie qui frappe à la porte en geignant […] C'est le sursaut paradoxal de la santé […] C'est la résistance aux catacombes[1]. »

## Le pardon

Il y a les pardons ordinaires, ceux de la vie quotidienne. Et puis il y a ceux qui semblent au contraire extraordinaires, comme lorsque l'on parvient à pardonner à un chauffard, à un bourreau. J'aime évoquer les êtres que je découvre au gré de mes lectures et qui nous tirent vers le haut. Ceux pour lesquels on ressent une admiration et qui nous ouvrent la voie. Telle Etty Hillesum, déportée dans les camps où elle décéda, et dont le journal révèle une lumière intérieure hors du commun[2]. Telle Maïti Girtanner, jeune femme elle aussi déportée, torturée et restée handicapée qui parvint à pardonner

---

1. Christian Bobin, *La Folle allure*, Folio, 1997.
2. Etty Hillesum, *Une vie bouleversée*, Seuil, 1995.

à son bourreau venu frapper à sa porte des années plus tard[1]. « Si j'ai accepté, après tant d'années, de raconter ce que j'ai vécu ce n'est pas pour recevoir… quelques lauriers de bravoure. Mais uniquement pour aider ceux qui traversent le tunnel du doute à apercevoir la flamme de l'espérance, pour montrer à ceux qui ont connu l'humiliation que le pardon est possible[2]. » Quel chemin parcouru pour y parvenir… Quel long chemin vers soi… Comme celui auquel certains d'entre nous parviennent à accéder vis-à-vis de parents à l'origine de leurs blessures plus ou moins profondes.

« Un jour je me suis dit : mes parents ont fait ce qu'ils ont pu. Je ne gomme toujours pas le mal qu'ils m'ont fait, je ne pourrai bien sûr jamais l'effacer de ma mémoire, mais j'essaie de leur pardonner. Leur propre histoire, leurs propres bagages les ont amenés à agir ainsi. Et moi aussi, je sais que je ne suis pas parfaite avec mes enfants et que je fais ce que je peux. Peut-être la différence entre mes parents et moi c'est que j'essaie de prendre conscience des attitudes négatives que je peux avoir à leur égard. Ce qui n'était pas le cas de mes parents, qui ne se sont jamais remis en question. Moi je possède cet atout inestimable, celui de réfléchir sur ma responsabilité. Un des cadeaux qu'ils ont pu me faire à travers le mal qu'ils m'ont fait, c'est d'avoir toujours à l'esprit de ne pas refaire la même chose face à mes enfants… ».

---

1. Maïti Girtanner avec la collaboration de Guillaume Tabard, *« Même les bourreaux ont une âme »*, CLD éditions, 2010.
2. *Idem.*

Quand nous pardonnons, la haine, la colère et les jugements implacables que nous ressentions face aux blessures subies se transmuent en un apaisement. Un baume libérateur… Mais le chemin est loin d'être aisé car autant tout évolue à une vitesse extravagante, autant notre rancœur, elle, peut perdurer de nombreuses années. Mais ce n'est que lorsque notre nuit est apprivoisée qu'elle laisse enfin passer la lumière, lorsque nous aurons désappris que nous pouvons apprendre autrement. Avec pour socle l'humilité : « La force la plus terrible qui soit au monde c'est l'humilité[1]. » Quel chemin hors du regard des autres mais uniquement relié à ses propres valeurs les plus profondes…

## Tendre l'oreille vers soi

*«Ferme les yeux et tu verras»*
*(Gandhi).*

J'ai la conviction que tout dans notre existence fait signe ; tout prend sens. C'est sans doute pour cette raison que nous ne devons jamais lâcher le fil qui nous rattache à notre véritable être ; ne jamais cesser de s'enrichir de soi et de tendre inlassablement vers un surcroît d'être. Car il n'y a pas de meilleur éclaireur que nous-même, même si notre lumière peut parfois nous faire peur. Mais comme disait Platon, « On peut aisément pardonner à un enfant sa peur du noir, mais il est tragique que les hommes aient peur de la lumière ».

---

1. Fiodor Dostoïevski.

Bien souvent nous avons trop tendance à chercher à l'extérieur des solutions ou des remèdes pour apaiser nos mal-être ou nos questionnements intérieurs. Surtout quand ils nous font trop mal. Mais à mes yeux, s'il existe une voie royale pour trouver nos propres réponses, c'est bien celle que nous offre notre monde du dedans. Et c'est bien notre propre personne qui sait mieux que quiconque ce qui est bon pour elle. Comme le dit avec humour le titre d'un ouvrage : *Soyez vous-même. Tous les autres sont déjà pris*[1] !

Dans la dérive nous avons parfois besoin d'être aidés, et c'est bien ce que permet l'accompagnement thérapeutique : permettre à celui qui cherche sa propre voie de la trouver. Du dedans et pas forcément ou pas uniquement par le biais d'une solution, d'une recette ou technique extérieure. Car je crois que tout peut venir de nous, même si nous avons appris depuis l'école que tout apprentissage vient du dehors. Ce que Quentin, plein de cette sérénité enfin recouvrée, me résuma si bien : «J'ai en quelque sorte retrouvé mon pays natal ! Et la reconnaissance que je m'accorde vaut mille fois celle que les autres me donnent. Même si bien sûr celle-ci peut être un plus. Mais rien qu'un plus, c'est tout. »

Être à l'écoute de soi, parfois dans le silence, «ce bruit de fond de notre âme», comme le dit Yves Duteil. Cette face cachée des mots qui nous relie à l'univers. À l'écoute de cet enfant qui à l'origine était à l'état brut et vivait selon son ressenti profond et selon son intuition, sa «petite voix». Celle qui nous rend possible de garder cette acuité aux autres et aux événements ; de porter attention et

---

1. Gilles Azzopardi, *Soyez vous-même. Tous les autres sont déjà pris*, J'ai lu, 2017.

de rester toute ouverture face à ces «hasards», ces synchronicités, ces petits miracles inattendus, ces «calembours du destin» comme les nomme le physicien Arthur Koestler. Cette petite boussole nous sert sans cesse de guide. Et si elle sort du domaine du rationnel, elle peut se révéler d'une solidité à toute épreuve…

Que l'on lui donne le nom d'âme, de soi, d'être, d'essence ou de conscience du cœur, c'est ce saut dans notre intériorité, dans cette énergie de conscience qui nous habite, qui nous permet de trouver les réponses à nos questionnements les plus profonds. Et au cœur des épreuves mêmes.

«Je n'ai que 20 ans mais je réalise que le poids du regard posé sur moi qui freinait tous mes élans et mes projets a maintenant beaucoup moins d'importance pour moi. Je me suis rendu compte que dans le silence je pouvais m'écouter et même donner un sens aux événements qui survenaient. En comprenant cela, je me suis mis à me faire confiance, à écouter ce qui se passait juste en moi. Je n'étais plus accroché à tous les conseils que l'on me donnait. Car certains sont utiles bien sûr, mais pas toujours. C'est mon propre regard sur moi-même qui me permet de plus en plus de suivre ma route. J'ai compris que la confiance que je m'accorde vaut souvent autant, et même plus parfois, que celle que j'accordais avant systématiquement aux autres.»

Pour tendre l'oreille vers soi, des voies vont nous être offertes. À nous d'oser les prendre…

## Alléger nos attentes

C'est ainsi que nous devrons nous alléger et quitter nos attentes, notamment celle d'être aimé et apprécié de tous! Car ce sont elles qui limitent la perception que nous avons des choses. Il va nous falloir accepter tant bien que mal que certains événements ne se passent pas toujours comme nous l'aurions voulu ni comme la réalité a décidé, elle, qu'ils se déroulent.

Une jeune femme dont le parcours professionnel était source d'un grand mal-être me dit un jour: «Ça y est je viens de comprendre que je voulais aller trop vite. J'ai vécu échec sur échec malgré l'élan qui me portait, ma volonté et ma ténacité, qui m'ont souvent servi dans la vie. Je prends conscience que je ne dois pas systématiquement désespérer et baisser les bras en laissant de côté ces deux qualités, mais tout simplement prendre en compte la réalité et le temps qui lui est nécessaire pour réaliser mes projets. La réalité m'apprend la patience! N'est-ce pas cela lâcher prise?»

# Revenir à l'essentiel

*« À la vitesse où le temps passe / Rien n'efface l'essentiel »*
*(Francis Cabrel[1]).*

S'ouvrir à l'essentiel, toute oreille tendue vers soi, est d'autant plus difficile de nos jours où le culte de l'apparence prime sur tout le reste, où notre société est marquée par l'encombrement et sa grande difficulté à évacuer le superflu. Ôter les masques du théâtre social n'est alors pas simple…

Un souvenir me revient en mémoire. Je devais être âgée de 17 ans et gardais de temps à autre de jeunes enfants pour gagner mon argent de poche comme on dit. Je me souviens de ce petit garçon d'environ 5 ans que j'accompagnais au parc et dont la maman lui interdisait de jouer avec les autres dans le bac à sable car il était presque toujours habillé de blanc et qu'il ne devait pas se salir. Un supplice pour ce

---

1. Francis Cabrel, « La Robe et l'Échelle », *Des Roses et des Orties*, 2008.

petit, qui regardait les autres jouer en toute liberté, et qui devait sans doute ressentir une profonde solitude en ces instants-là. Pour sa maman, seul l'extérieur comptait… Tout comme pour certains parents qui, afin de sauvegarder une image exemplaire aux yeux des autres, reprennent leurs petits à la moindre occasion et de manière bien excessive, inutile voire injuste lorsqu'ils se trouvent en société sous le regard des autres. Avoir un enfant «bien élevé» dans un train ou un magasin l'emporte sur tout le reste, au prix d'une exigence parfois porteuse d'injustice et de douleur pour l'enfant que l'on «dresse». Il y a aussi ce «tape à l'œil», celui qui cogne et fait beaucoup parler de lui. Mais aussi celui – ne l'avez-vous pas remarqué? – qui disparaît aussi rapidement qu'il a fait son apparition.

Pourtant loin de tout ce tapage artificiel et de toutes ces images factices qui se donnent à voir se trouve la simplicité discrète. Et j'en ai trouvé tout le sens dans un magnifique passage d'un texte de Stefan Zweig intitulé «La plus belle tombe du monde». L'auteur y fait référence à la dernière demeure de Tolstoï, dissimulée à l'abri des regards en plein cœur d'une forêt, sans croix ni pierre tombale, loin du faste des tombeaux d'empereurs ou de rois: «[…] on pourrait passer ici sans se douter que ce petit rectangle saillant a accueilli la dépouille terrestre de l'un des hommes les plus importants de notre monde […]. Et l'on sent de nouveau que rien au monde ne produit un effet plus monumental que la plus extrême simplicité[1]». L'écrivain Jean d'Ormesson aspirait lui aussi à des funérailles empreintes de sobriété et souhaitait que ne soit déposé sur son

---

1. Stefan Zweig, *Le Monde d'hier. Souvenirs d'un Européen*, Belfond, 1996.

cercueil qu'un simple crayon à papier en bois d'écolier. Ce que respecta le président de la République au cours d'une cérémonie aussi imposante qu'émouvante.

L'avancée en âge nous en offrira l'opportunité de nous débarasser de l'inessentiel, quand nous entrerons progressivement en relation avec la partie la plus intérieure de nous-même. C'est alors aussi que nous consentirons progressivement à ce travail d'épuration hors de toute fioriture qui nous permettra de quitter tout masque, cette *persona*, comme l'appelait le psychanalyste Carl Gustav Jung, pour accéder à notre *soi*, notre quintessence, qui contient toute l'histoire de la seconde moitié de notre existence. Mais si nous nous y refusons, si nous n'acceptons pas d'accorder notre instrument, la vie nous fera mal pour nous en montrer malgré tout la route.

## Quitter nos interprétations

Nos interprétations altèrent notre jugement. Elles faussent la réalité sur soi et sur les autres, et nous font souffrir face à ce qui finalement n'existe pas et n'est qu'un leurre. Qui d'entre nous ne s'est pas un jour abandonné à donner une signification à un regard « de travers » que quelqu'un posait sur lui dans la rue : « Qu'est-ce qui ne va pas chez moi ? Suis-je mal coiffé ? » Alors qu'en réalité la personne était perdue dans ses pensées et avait par hasard les yeux fixés sur nous.

Lorsque nous regardons l'autre à travers le prisme de nos interprétations, ce sont souvent nos propres peurs que nous projetons. C'est ainsi que naissent et s'amplifient au cours du temps les malentendus au sein de notre famille, de notre couple, ces bases malsaines qui peuvent rendre la vie infernale et nous éloigner les uns des autres. Ainsi «Pour l'être humain, en aimer un autre est sans doute la plus difficile de toutes les entreprises, le critère essentiel, l'ultime preuve, le travail pour lequel tout autre n'est que préparation[1] », disait l'écrivain Rainer Maria Rilke.

C'est après quelques années d'hésitation que Benoît a croisé ma route. À cette époque il se trouvait dans un grand état de confusion : la communication avec sa compagne Marie était devenue impossible, chaque tentative en ce sens échouant à chaque fois.

«J'ai toujours manqué d'amour, et surtout de la part de ma mère qui était très occupée et n'avait que peu de place pour moi dans son emploi du temps. Quand j'ai rencontré Marie, j'ai tout de suite senti qu'elle allait m'apporter tout ce dont j'avais manqué et remplir ce vide. Mais peu à peu elle s'est éloignée. Elle me disait avoir besoin de se retrouver avec ses deux meilleures amies et le soir il lui arrivait de sortir sans moi avec elles ou d'aller à son cours de danse. J'interprétais ça comme un manque d'amour de sa part et je me disais qu'une indifférence commençait à naître en elle. J'ai eu mal et très peur. Elle essayait de me rassurer, et du reste je pouvais l'entendre sur le coup, me disant qu'elle en avait besoin, avec son travail et les enfants. Mais dès qu'elle partait le manque se faisait sentir et mon cerveau galopait dans tous les sens pour interpréter de mille manières ce que je prenais pour un abandon de sa part. Je réalise depuis quelque temps qu'il ne s'agissait bien que de mes propres interprétations, et qu'elles étaient causées par ma peur de la perdre. Par rien d'autre. Au lieu de la comprendre, ma peur abîmait notre lien, et mes profondes erreurs d'interprétations avec. »

---

1. Rainer Maria Rilke. *Lettres à un jeune poète*, Gallimard, 1993.

## Respecter notre rythme

Le respect de notre véritable rythme fait également pleinement partie de cette part d'essentiel à préserver en nous. Il est ainsi bon de tendre également l'oreille vers lui, vers celui qui nous est propre bien sûr, et non vers celui qui nous est imposé par notre éducation au travers de ces phrases entendues si souvent : « Ne reste pas à ne rien faire », « Occupe-toi », « Dépêche-toi », etc. Ce temps que nous sommes censés combler par mille activités alors que le repos est pourtant un art…

Il nous faut réapprendre à goûter ces moments de rêverie ou de « ne rien faire », où la pensée peut aller et venir sans contrainte et reprendre toute sa place. Ou ces « temps morts », source de toute créativité ou de prise de conscience pour grandir en soi. Réapprendre à expérimenter ces pauses et être à l'écoute de ce qu'elles génèrent en nous. Les enfants savent si bien le faire. Tout comme les amoureux et les mystiques, qui savent eux aussi si bien ce que peut apporter le temps perdu…

Lorsque l'on prend le chemin vers soi, il importe de prendre le temps nécessaire pour abattre nos défenses, abandonner nos prisons et nos peurs, même celle de quitter ce qui pourtant nous fait mal. Parfois la route peut sembler interminable ; sans fin et sans espoir. Et puis quand on n'y croyait presque plus l'embellie se laisse à voir. Il fallait tout ce temps. Il fallait le prendre. C'était ainsi…

Il existe tant de peurs qui nous empêchent de nous alléger de l'inutile. Celle de « faire le vide », ce vide intérieur qui nous angoisse tant, comme ces objets inutiles qui nous entourent et que nous ne pouvons nous résoudre à jeter. « Rien qui m'appartienne / Sinon la paix du cœur / Et la fraîcheur du ciel », dit un haïku de Kobayashi Issa. Peut-être tout simplement nous entraînons-nous ainsi pour le jour où il nous faudra tout quitter…

## Se nourrir de la solitude

> *« L'éveil de la vie intérieure est le grand compagnon du solitaire »*
> *(Jacques Vigne).*

Avoir accès à son propre regard, à sa véritable personne, y accéder par son monde intérieur passe aussi par la solitude. Celle-ci revêt diverses formes et peut être vécue de manière bien différente selon chacun d'entre nous. Certains peuvent ainsi l'éprouver au cœur même de leur famille ou de leur couple, avec une douloureuse sensation d'isolement qui entraîne une souffrance puissante. D'autres au contraire la rechercheront, sans pour autant être un sage, un prophète, un saint ou un poète. Ils sauront accueillir cette solitude tout en vivant au cœur d'une vie amicale et affective nourrissante et enrichissante.

Ainsi la solitude sera-t-elle perçue par certains comme un fardeau, avec son sentiment d'absence, d'abandon et d'ennui creux, voire de désert ou de trou noir, et pour d'autres tout au contraire comme une ouverture à l'aventure choisie en pleine conscience. C'est à travers elle, quand nous l'avons librement et volontairement choisie, que nous renouons avec la part d'absolu en nous et que nous pouvons y puiser la plus grande des profondeurs, cette part de pureté, désencombrés que nous sommes alors de l'inutile et du futile. Car loin de nous couper du monde, avec elle nous ne sommes jamais seuls. Que ce soit par ce lien intense à soi, cette « essence de verre » dont parlait Shakespeare, par la présence de nos êtres chers disparus, de nos amis, de nos proches, de la nature, des animaux pour certains d'entre nous, ou pour certains encore par une présence plus haute que nous...

C'est grâce à la solitude qu'il nous est permis de quitter notre zone de conformisme façonnée par le regard extérieur pour parvenir au cœur des choses. Et seul le silence nous permet d'atteindre le cœur de cet abri intérieur. Celui qui remplace tout le bruit et le tumulte extérieurs, ce fanatisme de l'image, les artifices et les faux-semblants. Bien loin de l'image de l'ermite retiré dans sa grotte, de Tarzan ou de Robinson Crusoé, la solitude revêt mille et un atours qui possèdent une grande portée sociale. Que ce soit la couturière devant son modèle, le peintre devant sa toile ou le boulanger qui seul en pleine nuit se penche sur son travail. Car il ne s'agit pas de fuir le monde mais d'une autre manière d'y participer, avec cette force différente qui entraîne celui qui s'y adonne à progresser et à apporter sa part de paix autour de lui. Car « Loin d'isoler, l'écart permet parfois de voir plus large et avec une autre acuité[1] ».

---

1. Élodie Maurot, « Christian Bobin dans une paisible clairière – Penser à l'écart », la-croix.com, 7 août 2017.

# Savoir être accueilli de manière inconditionnelle

*« Mieux un individu est compris et accepté, plus il a tendance à abandonner les fausses défenses dont il a usé pour affronter la vie, et à s'engager dans une voie progressive »*
*(Carl Rogers[1]).*

Si les bonnes fées ne se sont pas penchées sur notre berceau, si nous n'avons pas rencontré ce regard tendre et aimant qui aurait pu nous offrir la juste perception de nous-mêmes et nous éviter la crainte du regard extérieur, il n'est jamais trop tard pour combler ce douloureux manque. Et s'il est bien un endroit où nous est offert ce regard empreint de bienveillance, de le découvrir ou le redécouvrir, c'est bien ce lieu clos et intime qu'est celui de la rencontre avec la « considération positive inconditionnelle » offerte par le thérapeute à l'être, qui a décidé de faire cette démarche du retour vers soi. Car l'une des conditions essentielles selon Carl Rogers pour y parvenir, c'est tout particulièrement ce regard dénué de toute forme de jugement face auquel il est bon d'être pleinement soi. Sans danger. Sans risque. C'est grâce à lui que les retrouvailles avec soi peuvent enfin avoir lieu et qu'il nous devient enfin possible de renouer avec notre propre manière de nous évaluer, bien loin de celle des autres qui nous étouffe. C'est grâce à elle également que nous pouvons accueillir et accepter toutes nos émotions : amour, haine, angoisse, peine, joie, désespoir, etc. Car un être qui « trouve quelqu'un qui l'écoute et qui accepte ses sentiments devient peu à peu capable de

---

1. Carl Rogers, *op. cit.*

s'écouter lui-même[1] ». Au cœur de la rencontre thérapeutique, de ce lien, nulle attente, nul signe de possession chez celui qui accompagne. Et ceux que j'ai rencontrés ont à chaque fois éprouvé la nécessité intérieure d'aller vers le vrai, d'avancer vers cet état d'être, habité par cette lucidité qui permet d'arriver à son noyau véritable.

J'aime tout ce que traverse la lumière : une belle verrerie, un vitrail, un coquillage nacré ramassé sur la plage. Et surtout le sourire ou les yeux de certains êtres que je rencontre dans la vie courante ou au sein de mon cabinet. À chaque fois qu'ils retrouvent la lumière, ils me la renvoient. C'est dans cette nouvelle relation offerte que nous pouvons retrouver ou nous réapproprier le pouvoir que nous avons sur nous-mêmes, et dont nous avons parfois perdu conscience à travers les voies de l'existence. C'est là que nous sont données les conditions nécessaires pour que nous puissions réapprendre à renouer avec nous-mêmes en toute liberté ; en toute autonomie, hors de toute dépendance. Alors se libérer de certaines obligations inutiles et de certains enfermements devient possible.

Dans ce lieu de la rencontre thérapeutique, à la recherche de notre pays natal, il nous suffit d'être, tels des voyageurs spirituels. À notre rythme. Avec cette patience qui « offre des gains de temps en prenant le temps[2] ». Et comme le disait Dibbs, ce petit garçon dont le parcours thérapeutique a été retracé par le Dr Virginia Axline, la thérapie, « C'est un moment où tu peux être comme tu

---

1. Ruth Sanford, *Journal of Humanist Psychology*, 1973, p. 61.
2. André de Peretti, *Pensées et vérités de Carl Rogers*, Privat, 1988.

veux. Un moment où tu peux être toi[1] ». Et plus loin : « N'oubliez pas qu'ici ça va bien puisqu'il suffit d'être[2]. »

## Un éveil sans crainte

« Il faut percer beaucoup d'épaisseur pour que l'humain en nous s'éveille[3]. » Traverser toutes ces couches accumulées sur nous pour qu'au bout apparaisse un arc-en-ciel. Traverser notre enfance, nos ancêtres si nombreux avec nos fidélités bien souvent inconscientes à leur égard, sans oublier l'univers peuplé de ces planètes qui au-dessus de nos têtes ont elles aussi largement leur rôle à jouer…

Parfois l'éveil peut nous inquiéter. Nous avons pu être bousculés ou amenés à travailler dur, les poings serrés, pour gagner notre bonheur sans aucune douceur à notre égard. Alors quand une douce et tendre rencontre nous est offerte, dans ce lien surprenant et si particulier de l'accompagnement thérapeutique, quand pour la première fois nous expérimentons ce nouveau ressenti, nous pouvons prendre peur devant ce respect inhabituel. Mais c'est elle qui nous offre l'opportunité, ce cadeau si précieux et si unique de trouver notre propre chemin en regardant en nous-mêmes sans attendre que la solution vienne de l'extérieur. Car « Au lieu de pousser de toutes nos forces, rappelons-nous que la porte s'ouvre de l'intérieur[4] ». Et cette école d'acceptation de nous-mêmes peut représenter en fin

---

1. Virginia Axline, *Dibs. Développement de la personnalité grâce à la thérapie par le jeu*, Flammarion, 2009.
2. *Idem.*
3. Christian Bobin.
4. Alain Delourme.

de compte la voie royale qui nous permet d'être plus ouverts à la différence de l'autre : « Au fur et à mesure que j'accepte davantage d'être moi-même, je me trouve plus prêt à vous permettre d'être vous-même[1] ».

## De la transmission

*« Nous transmettons ce que nous savons,
mais surtout nous transmettons ce que nous sommes »
(Christophe André[2]).*

Elle est si importante la transmission… J'ai souvent cette sensation à la fois étrange et chargée aussi d'une certaine forme d'exaltation lorsque je réalise que je ne suis qu'un minuscule maillon d'une chaîne humaine interminable qui dure depuis des milliers d'années. Celle de mes ancêtres, ô combien lointains, sans lesquels je ne serais pas ici, en ce moment fugitif de mon existence. Je leur voue une immense gratitude qui s'accentue en moi au fil des années, sachant qu'ils ont eu à traverser de plus ou moins grands orages au cours de leur vie.

Des générations antérieures, nous gardons les souvenirs qu'ils ont laissés ou que nous avons reçus de nos parents, et que nous offrirons à notre tour à nos enfants. Cela passe par des petits gestes, des habitudes ou des paroles, de ces phrases dont les murs résonnent encore : « À table les enfants » ; « Arrête d'embêter ta sœur » ; « Fini tes devoirs » ; « Je vais te montrer comment ma grand-mère faisait le

---

1. Carl Rogers, *op. cit.*
2. In Céline Alvarez *et al.*, *Transmettre. Ce que nous nous apportons les uns aux autres*, L'Iconoclaste, 2017.

gâteau», etc. Tous ces «gentils fantômes[1]» tendres et touchants que les paroles du chanteur Bénabar décrivent si bien…

C'est se faire le passeur de ces menues choses aussi : un sourire, une main tendue, toutes ces petites attitudes qui composent l'existence. Celles qui nous sont propres. Notre façon d'être au monde, tout simplement. C'est offrir en cadeau l'amour par notre savoir-être, que l'on aie des enfants ou non. L'essentiel est d'apporter aux générations qui nous succéderont, qu'elles fassent ou non partie de notre famille, cette pleine conscience que nous faisons tous partie des humains, avec ce que chacun donne de son vivant aux plus jeunes comme héritage.

Mais cette transmission dans la vaste chaîne des générations peut aussi trouver sa place dans les valeurs profondes que nos ancêtres nous ont léguées et qui nous fondent… Le respect des autres, l'altruisme et tout ce qui permet d'apporter à notre monde la lumière qu'il a toujours réclamée. Tout ce qui se perpétue pour que ce regard porté sur soi et sur les autres soit générateur de la sérénité dont nous avons tous tant besoin. Tout ce qui nous permet de nous regarder debout, non pas dans un orgueil mal placé mais dans cette considération juste et épanouissante pour soi et pour notre entourage.

## Psychogénéalogie

Nos ancêtres nous ont laissé tant de choses. La plupart du temps sans que nous le réalisions, car nous sommes souvent sous l'emprise de notre inconscient. Cette emprise qui nous fait répéter, revivre,

---

1. Bénabar, «Quatre Murs et un Toit», *Reprise des négociations,* 2005.

prolonger dans nos comportements, nos attitudes, la grande chaîne humaine éternelle. Pourquoi a-t-on «hérité» du don de cuisinière d'une grand-mère éloignée ? Du talent de l'écriture ou du goût pour le jardinage d'un arrière-arrière-grand-oncle ? Pourquoi certains événements, drames ou accidents vécus par nos aïeux se sont-ils reproduits, parfois à des dates identiques ?

La transmission porte en elle une telle puissance... C'est pourquoi il est urgent de transmettre un bon regard sur nous-mêmes dans les bagages que nous laisserons aux nôtres et au cercle plus élargi des êtres humains, tels des passeurs. Le seul qui leur permettra à leur tour de le porter sur les autres, avec cette ouverture capable d'accueillir la différence. Aujourd'hui je me réjouis des nombreuses initiatives en ce sens qui voient le jour dans les écoles et les collèges. Comme à Genève et Lausanne, où l'Association Duchamps-Libertino propose des cours d'éveil philosophique pour enfants et adolescents de 6 à 25 ans. Elle les sensibilise au sens de la vie, la leur et celle des autres, à la compréhension de notre monde intérieur, au respect de leur idéal et de leur bonheur et de celui des autres. Cela en leur ouvrant des voies pour «entrevoir leur futur avec réalisme et confiance».

En France, plusieurs ouvrages ont récemment vu le jour pour que naisse une autre forme d'éducation. Celle de l'écoute et du cœur, celle du regard que l'on porte sur soi et sur le monde[1]. Chez tous il s'agit d'exprimer ses sentiments, de comprendre et d'accepter ses erreurs et de porter sur soi un regard à la fois acceptant et emprunt

---

1. Cf. Céline Alvarez, *Les Lois naturelles de l'enfant*, Les Arènes, 2016 ; Frédéric Lenoir, *Philosopher et méditer avec les enfants*, Albin Michel, 2016.

de respect. Se faire confiance et trouver sa juste place. Bien au-delà de notre bien-être, il en va de celui de ceux qui nous entourent, mais aussi de ceux qui nous survivront. Il en va de cette transmission, de ce passage de flambeau à nos enfants, petits-enfants, et à tous les êtres quels qu'ils soient, connus et inconnus, qui perpétueront la chaîne des humains. «Si la paix s'installe un jour, elle ne pourra être authentique que si chaque individu fait la paix en soi-même[1]. »

------------

1. Etty Hillesum, *op. cit.*

# Conclusion

*« Trouve la paix et la certitude intérieure et,
sans fatigue ni tension, suis le chemin qui est le tien »*
(Eileen Caddy[1]).

Dès notre plus jeune âge il nous est demandé de répondre et de correspondre à la multitude d'évaluations auxquelles nous confronte le monde extérieur. Ainsi avons-nous été plus ou moins forgés à cet état d'être dont nous avons tant de mal à nous extraire. Bien sûr le lien à l'autre nous est fondamental ; les relations qui nous nourrissent et nous enrichissent nous sont essentielles. Mais bien souvent, à divers degrés selon chacun, nous en arrivons à accorder au-delà du raisonnable une importance à la perception que l'autre possède de nous-même. Et c'est ainsi que nous nous éloignons de notre être véritable.

Mais il n'est jamais trop tard pour s'accorder cette belle confiance en soi dont les détours de la vie nous ont éloignés. Celle qui, une fois raffermie, permet enfin de nous protéger des regards destructeurs et de faire sauter les verrous de nos richesses qui entravaient

---

1. Eileen Caddy, *La Petite Voix. Méditations quotidiennes*, Le Souffle d'or, 1986.

notre voie. C'est là qu'elles s'ouvrent tel un soleil au cœur de notre « citadelle intérieure », comme aimaient à les nommer les stoïciens.

Nous pouvons y parvenir. Carl Rogers le disait bien : « Mon expérience thérapeutique m'a inculqué une confiance sans limites dans les possibilités de l'homme. » Peut-être aurons-nous au fil du temps à apprendre ou à réapprendre que l'importance que nous accordons à ce regard extérieur n'est finalement que le miroir de l'image que nous avons de nous-mêmes. Si nous prenons conscience qu'il est le simple révélateur de notre propre mésestime, de notre propre manque de confiance et du jugement que nous portons sur nos failles, nos fêlures et nos doutes, alors cela peut nous permettre de porter moins d'importance aux yeux des autres posés sur nous. Et d'apprendre aussi peu à peu à devenir plus indulgents et plus compatissants face à tout ce qui finalement nous fait souffrir. Le regard de l'autre, qu'il soit porteur de vérité, simple projection ou interprétation de notre part, parfois jusqu'à l'extrême de la persécution, ne prendra d'importance qu'en fonction du regard que nous porterons sur nous-mêmes…

L'idéologie actuelle de la réalisation de soi à tout prix nous angoisse et pèse sur nos épaules comme un diktat puissant et paralysant. Le devoir que nous nous devons de suivre d'être parfaits entraîne ce poison de la comparaison avec la crainte de ne pas y arriver. Mais nous avons la possibilité de ne pas nous laisser capturer. Je reste persuadée qu'au-delà des masques que nous avons été amenés à porter, de par la peur du jugement, d'être rejetés ou non aimés, se trouve notre être véritable. Celui que nous souhaitons au plus profond de nous-mêmes rejoindre par-delà toutes les obligations et soumissions aux attentes environnantes. Tous ces écrans qui nous auront bien souvent rendus malheureux et qui auront terni notre existence. Car qui peut être heureux en se coupant de ses racines et de ses sources ?

Il nous faut retrouver le courage de dire « je » et d'exister sans culpabilité, en ôtant nos carapaces les unes après les autres. Le courage de décider. De renoncer à ses illusions, comme celle d'être apprécié de tous. De se tromper. De s'engager. De prendre pour référence non pas uniquement ceux qui nous entourent mais aussi notre propre personne. C'est peut-être cela « allumer le feu » en soi, pour que brille notre lumière, irradiante du dedans.

C'est être comme Jonathan le goéland qui, loin de voler uniquement pour se nourrir comme on le lui avait appris, chassé de chez lui et solitaire, fait le choix de voler toujours plus haut et plus vite pour apprendre, progresser et être libre.

Bien sûr cela demande de notre part une vigilance de chaque jour pour continuer à nous libérer des cages dans lesquelles nous nous sommes malgré nous laissé enfermer et sous le regard de ceux qui autour de nous parfois n'en avaient pas conscience. Ce n'est que par cette voie qui nous amène au cœur de l'essentiel, en tentant aussi d'atteindre « l'éclat de l'infinie divinité qui est en nous[1] », que nous parviendrons à apporter notre humble étincelle pour rectifier l'état du monde. Car tout ce qui se passe au fond de soi se reflète en lui et se fraie un chemin au-dehors.

---

1.  Carl Gustav Jung.

Grâce à ce goût pour l'amour, tout simplement. Celui que nous portons aux autres et que nous portons à nous-même. Celui qui peut gravir des montagnes au-delà de la peur du jugement. Celui qui se révèle aussi dans toute sa puissance en dépit de toute intrusion extérieure.

Se libérer du regard de l'autre quand il nous aliène efface sur son passage toute trace de compétition, de rapport de force, de relation de dominant à dominé, et au-delà de la paix intérieure que cela nous apporte, c'est tout autour de nous que la transformation peut aussi avoir lieu, au sein de nos relations proches mais aussi bien au-delà, tel un caillou jeté dans l'eau dont les ondes s'élargissent en cercles de plus en plus larges. Grâce à tout le chemin parcouru nous ne sommes plus comme la reine du conte de Blanche-Neige. Ce n'est plus «Miroir mon beau miroir, dis-moi que je suis la plus belle!». Non. À présent notre miroir nous renvoie notre véritable image. Celle qui est façonnée d'ombre et de lumière, mais la nôtre. La vraie. Nous avons rencontré notre être le plus intime, au plus profond de nous-mêmes maintenant presque hors d'atteinte du regard que l'on peut poser sur nous. Y a-t-il plus précieux cadeau de liberté?

# Bibliographie


ALVAREZ Céline, *Les Lois naturelles de l'enfant*, Les Arènes, 2016.

ALVAREZ Céline *et al.*, *Transmettre. Ce que nous nous apportons les uns aux autres*, L'Iconoclaste, 2017.

ANDRÉ Christophe, JOLLIEN Alexandre et RICARD Matthieu, *Trois Amis en quête de sagesse*, L'Iconoclaste/Allary éditions, 2016.

AXLINE Virginia, *Dibs. Développement de la personnalité grâce à la thérapie par le jeu*, Flammarion, 2009.

AZZOPARDI Gilles, *Soyez vous-même. Tous les autres sont déjà pris*, J'ai lu, 2017.

BADINTER Élisabeth, *Le Conflit. La femme et la mère*, Flammarion, 2010.

BOBIN Christian, *La Présence pure*, Gallimard, 2008.

BOBIN Christian, *La Grâce de solitude*, Albin Michel, 2006.

BOBIN Christian, *La Merveille et l'Obscur*, La Passe du vent, 1999.

BOBIN Christian, *L'Inespérée*, Gallimard, 1996.

CADDY Eileen, *La Petite Voix. Méditations quotidiennes*, Le Souffle d'or, 1986.

CANNONE Belinda, *S'émerveiller*, Stock, 2017.

CHENG François, *Cinq Méditations sur la beauté*, nouvelle édition, Albin Michel, 2017.

Collectif, *Tous fragiles, tous humains*, Albin Michel, 2011.

GAULEJAC Vincent de, *Les Sources de la honte*, Desclée de Brouwer, 1996.

GIRTANNER Maïti avec la collaboration de Guillaume Tabard, *« Même les bourreaux ont une âme »*, CLD éditions, 2010.

GOUNELLE Laurent, *Le jour où j'ai appris à vivre*, Éditions de la Loupe, 2014.

GUÉNARD Tim, *Plus fort que la haine*, Presses de la Renaissance, 1999.

HILLESUM Etty, *Une vie bouleversée*, Seuil, 1995.

LENOIR Frédéric, *Philosopher et méditer avec les enfants*, Albin Michel, 2016.

MAZET Muriel, *Des mots pour vivre*, Desclée de Brouwer, 2000.

PRADERVAND Pierre, *Le Grand Oui à la vie ! Comment se créer une existence positive*, Jouvence éditions, 2009.

RILKE Rainer Maria, *Élégies de Duino*, Allia, 2015.

ROGERS Carl, *Le Développement de la personne*, Dunod, 1972.

SALOMON Paule, *La Brûlante lumière de l'amour*, Albin Michel, 1997.

SCHMITT Éric-Emmanuel, *L'Évangile selon Pilate*, Albin Michel, 2013.

TAPIE Bernard, *Gagner*, Robert Laffont, 1986.

TERESTCHENKO Michel, *Un si fragile vernis d'humanité. Banalité du mal, banalité du bien*, La Découverte, 2005.

WEIL Simone, *La Pesanteur et la Grâce*, Plon, 1988.

WINNICOTT Donald W., *La Mère suffisamment bonne*, Payot, 2006.

WINNICOTT D. W., *Jeu et Réalité. L'espace potentiel*, Gallimard, 1975.

WINNICOTT Donald W., « Le rôle de miroir de la mère et de la famille dans le développement de l'enfant. Aux limites de l'analysable », *Nouvelle Revue de psychanalyse*, n° 10, 1974.

ZWEIG Stefan, « La plus belle tombe du monde », *Le Wagon plombé*, Payot, 2017.

Merci d'avoir choisi ce livre Eyrolles.
Nous espérons que votre lecture vous a plu et éclairé(e).

Nous serions ravis de rester en contact avec vous et de pouvoir vous proposer
d'autres idées de livres à découvrir, des événements avec nos auteurs,
des jeux-concours ou des lectures en avant-première.

Pour cela, rendez-vous à l'adresse go.eyrolles.com/newsletter ou flashez
ce QR code (votre adresse électronique sera à l'usage unique
des éditions Eyrolles pour vous envoyer les informations demandées) :

Vous êtes présent(e) sur les réseaux sociaux ?
Rejoignez-nous pour suivre d'encore plus près nos actualités :

 Eyrolles Psycho et Développement personnel

 @des_livres_qui_font_du_bien

 @EyrollesPsycho

Merci pour votre confiance.
L'équipe Eyrolles

P.S. : chaque mois, 5 lecteurs sont tirés au sort parmi les nouveaux inscrits
à notre lettre d'information et gagnent chacun 3 livres à choisir dans le catalogue des éditions
Eyrolles. Pour participer au tirage du mois en cours, il vous suffit
de vous inscrire dès maintenant sur go.eyrolles.com/newsletter
(règlement du jeu disponible sur le site).

Composé par Soft Office

Imprimé en Allemagne par BoD
Dépôt légal : Janvier 2019